Rudolf Lumm

Volkskunst Bauernmalerei

Ein Lehrgang der Maltechniken
und Stilrichtungen
der verschiedenen Landstriche

Frech-Verlag Stuttgart

ISBN 3-7724-0414-6 · Best.-Nr. 718

 2. Auflage 1981

frech-verlag
GmbH + Co. Druck KG Stuttgart

Fotos:
Foto-Studio Wolfram Scheler, Nürnberg
und Frech-Verlag

Die Bilder auf Seite 76, 80, 86, 90 und 91
stellte das Germanische Nationalmuseum Nürnberg
zur Verfügung.

Druck: Frech Stuttgart

Inhalt

Entwicklungsgeschichte der volkstümlichen Möbelmalerei ... 7
Die wichtigsten Motive dieser bäuerlichen Volkskunst ... 8
Werkzeuge zur Vorbereitung des Malgrundes ... 10
zur Grundierung und Bemalung ... 10
Werkstoffe für die Malgrundvorbereitung ... 12
für die eigentliche Malerei ... 12
für die Säuberung und Patinierung von Beschlägen, Schlössern usw. ... 12
Was sollte man bemalen? ... 13
Welche Arbeiten fallen bei alten Möbelstücken an? ... 14
Abbeizen der Farbe ... 14
Entwurmen ... 14
Holzschäden beseitigen ... 14
Beschläge entfernen und reinigen ... 14
Wässern und Schleifen ... 15
Beizen ... 15
Grundieren ... 15
Lackieren ... 16
Mattieren ... 16
Wachsen ... 16
Die Farben der Bauernmalerei ... 18
Lasierende Grundierung ... 18
Deckende Grundierung ... 18
Farben mischen ... 19
Die Flächenbelebung als Gestaltungselement ... 20
Kleistermalerei ... 20
Kammtechnik ... 20
Ringpinseltechnik ... 24
Flachpinseltechnik ... 24
Furniermalerei ... 26
Marmorieren ... 28
Schwämmeln ... 29
Streifentechnik ... 29
Stupfen ... 29
Spachtelmalerei ... 30
Motiventwurf und -übertragung auf die Malfläche ... 31
Pinselführung ... 32
Pinselpflege ... 33
Möbelbemalung der Spätgotik und der Renaissance ... 34
Schablonenmalerei ... 35
Türfüllungen, Randverzierungen und Gitterornamente des 17. Jahrhunderts ... 38
Flach- und Lasurmaltechnik ... 40
Rosetten und Blumen auf Blankholz ... 40
Blankholzmalerei in Tirol ... 48
Alpbacher Malerei (1770) ... 49
Möbelbemalung Barock und Rokoko ... 50
Alpenländische Möbelmalerei ... 50
Schweiz ... 50
Toggenburger Malerei ... 50
Appenzeller Malerei ... 58
Oberbayern ... 60
Degerndorf ... 60
Leitzachtal ... 65
Tirol ... 70
Biedermeier ... 72
Tölz ... 76
Schwarzwald ... 80
Franken ... 86
Egerland ... 90
Patinieren ... 96
Bauernmalerei als Hobby ... 97
Sitzgarnitur ... 98
Oberbayerischer Schrank ... 98
Bett und Nachtkästchen ... 98
Wandschränkchen ... 99
Jagdschrank und -truhe ... 100
Rosenschrank ... 100
Waschkommode ... 101
Schrank aus Franken ... 103
Schrank (Anfang 20. Jahrhundert) ... 103
Schrank mit Phantasieblumen ... 103
Fränkischer Bauernschrank (1880) ... 104
Spiegelschrank (Jahrhundertwende) ... 104
Bauernschrank (Jahrhundertwende) ... 104
Kommode (Jahrhundertwende) ... 107
Koffertruhe ... 107
Zierliche Truhe ... 107
Moderne Schützenscheiben ... 107
Flachsbrecher und Preßsackpresse ... 107
Gegenstände aus Metall ... 109
Milchkanne und Milchkännchen/Becher ... 109
Bemalte Holzteile ... 109
Alpbachtaler Teller ... 109
Teller mit Schwarzwaldmotiv ... 109
Kerzenleuchter/Blumenbütten ... 111
Spiegel/Plaketten ... 112
Kleiderbügel/Kleiderbürste ... 113
Spanschachteln/Holzbierkrug ... 115
Steingut bunt bemalt ... 115
Bemalte Holzteile ... 117
Kaffeemühlen/Stehlampe/Tablett ... 117
Uhr/Blumenbütte ... 118
Einfache Buchenholzteller/Holzplaketten ... 119
Salzfaß/Fußschemel/Schuhputzzeugbütte ... 121
Motiv-Vorlagen ... 122

Entwicklungsgeschichte der volkstümlichen Möbelmalerei

Die Vorstufe zu der jahrhundertelangen Möbelbemalung waren die Flach- und Kerbschnitzereien der Spätgotik und die Intarsien des 16. und 17. Jahrhunderts. Man verwendete für diese Kunst nur hochwertiges hartes Holz, das man mit strengen kantigen Blattwerk-Schnitzereien und üppigem Rankenwerk der Renaissance versehen hat. Oder man fügte verschiedenfarbige Hölzer zu einem eingelegten Ornament zusammen. Dieses Mobilar war in den meisten Fällen nur den oberen Schichten der Bevölkerung vorbehalten. Der Mittelstand konnte sich derartige Schränke, Truhen usw. nicht leisten. Die Folge war, daß weiches, anfälliges Holz Verwendung fand. Man versuchte, mit Farbe diese Hölzer zu veredeln. Gleichzeitig diente auch der Anstrich als Mittel der Konservierung. Nicht vorhandene schöne Maserungen im Holz wurden mit schwarzer Farbe imitiert.

Schablonen von Ornamenten und Figuren entstanden nach dem Vorbild der Flach- und Kerbschnitzereien. Mit diesen Schablonen übertrug man auf das blanke Holz mit schwarzer oder roter Farbe die Ornamente. Zwar hielt man sich in den Anfängen mit der Farbe zurück und begnügte sich vorerst mit einem Zweifarbigkeitskontrast (Schwarz oder Rot auf Blankholz), löste sich aber schon von dem strengen scharfkantigen Blattwerkornament der Spätgotik und dem Rankenwerk der Renaissance und fand bei den Einlegearbeiten (Intarsien) Mitte des 16. Jahrhunderts den gewünschten Motivschatz. Man ahmte das kostspielige Mobilar der Oberschicht nach. Diese Ersatzkunst, die sich als gute Dekorationsmethode anbot, fand sehr schnell den Einzug in den Mittelstand. Das technische und ökonomische Niveau und die einfache Gestaltungsform kam dem Ausdrucksverhalten der Volkskultur entgegen. Die meisten geometrischen Ornamente und die sehr seltenen gegenständlichen Darstellungen haben sehr viel dazu beigetragen. Zu erwähnen wäre noch der wichtige Ansatzpunkt der Möbelmalerei in den bemalten hölzernen Decken der Dorfkirchen und Landschlösser im 13. Jahrhundert. Das war der eigentliche Ursprung der Möbelbemalung. In der Barockzeit begnügte man sich nicht mehr mit den Nachahmungen der Intarsien und dem scharfkantigen Blattwerk der Gotik durch Schablonen, sondern gab der Bauernmalerei durch freihändiges Malen üppiger Blumensträuße, Ranken, Schweifungen und Spiralen das eigentliche Gepräge. Die schwungvollen Darstellungen, die bislang die Barockzeit so charakterisierten, wurden immer zierlicher und verspielter und glichen zum Schluß fast muschelförmigen Ornamenten. Es war nicht zu verleugnen, daß auch in der Möbelmalerei sich die Rokokozeit widerspiegelte. Zu Beginn des 19. Jahrhunderts kam man dann zur ausdrucksvollen Malerei. Die Schränke wurden mit Marmorierungen, Kammtechniken oder nur mit einem einfarbigen Anstrich versehen. Darauf wurden dann die prächtigen üppigen Blumensträuße und Rankenornamente gemalt. Diese Bewegung der Volkskunst „Bauernmalerei" reichte in manchen Landstrichen bis Ende des 19. Jahrhunderts. Neben dieser zeitlichen Entwicklung entstand fast in jedem Landstrich eine andere Stilrichtung.

Man unterscheidet zwischen Tölzer, Fränkischer, Alpenländischer und Schwarzwälder Bauernmalerei, um nur einige Beispiele zu nennen. Bezeichnend hierfür die Motivauswahl, Darstellungsform und Farbgebung. Der gesamte Farbakkord war auch landschaftlich verschieden. Er reichte von Grün, Blau, Rot, Schwarz bis Braun. Man konnte jedoch bei dieser Volkskunst in allen Landstrichen gleichermaßen feststellen, daß überwiegend Einzelblumen gemalt wurden, wie Rosen, Tulpen, Nelken und Sternblumen, die im wesentlichen auch in den Vorgärten der Möbelschreiner, die ja gleichzeitig meistens die Maler waren, wuchsen und die Verwendung von matten Farben, die höchstens mit einem Seidenglanz versehen waren. Diese Vorgeschichte soll Ihnen beim Malen von Blumen und Ornamenten behilflich sein, die Stilrichtungen besser zu verstehen und verhindern, daß Sie auf einen derben einfachen Schrank ein Rokokomotiv malen. Gleichzeitig sollte in Ihnen eine gewisse Wertschätzung dieser alten Volkskunst geweckt werden, daß Sie nicht ein Erbstück, das noch alte Malerei aufweist, radikal ablaugen, anstatt dieses einem guten Restaurator zu überlassen.

Die wichtigsten Motive dieser bäuerlichen Volkskunst

Ornamente

Die Barock- und Rokokozeit des 18. Jahrhunderts bringt das interessante Ornament, die Rocaille in die volkstümliche Malerei: eine fantastisch stilisierte Muschel, die größte Bedeutung erlangt. Ganze Schrankflächen werden in verschiedene Elemente gegliedert. Blumen durchsprießen das zartgemalte Ornament. Die frühen Zeichnungen, wie Sechsstern, Rosette, Gitter- und Flächenornament, wollen wir in diesem Buch auch behandeln. Grundsätzlich kann man aber sagen, daß alle diese Kreis- und Quadratformen mit Hilfe von Zirkel und Lineal hergestellt werden können.

Pflanzen

Bei den Pflanzen genießt die Rose die größte Beliebtheit. Den zweiten Rang nimmt die Tulpe ein. Sternförmige Blüten, Nelken und Glockenblumen kommen nicht so häufig vor. Blattwerk, Ranken und Früchte runden das Ganze noch ab. Diese Pflanzen sind meist vereinfacht und stilisiert dargestellt. Ein Blumenstrauß eignet sich besonders für Schrank- und Truhen-Füllungen usw. Man kann auch das Blumenmotiv jeder Felderform anpassen.

Tiermotive

Hauptsächlich finden Vögel in verschiedener Ausführung, aber auch Hirsch, Pferd, Hund, Kuh, Gemse und Steinbock Verwendung in der bäuerlichen Volkskunst. Besonders in Verbindung mit Blumen, Ranken und Menschen sind diese Motive zu sehen.

Figürliche Darstellungen

Meistens wurde das volkstümliche Leben der Bauern gemalt. In Form von Jahreszeiten, Hochzeitstänzen, Hochzeitsmahl, usw. Auch einzelne Personen waren ein gutes Malobjekt. Abbildungen von Heiligen oder Gestalten aus der biblischen Geschichte gehören ebenfalls zu den Themen der Maler.

Werkzeuge zur Vorbereitung des Malgrundes

Schraubzwingen (zum Verleimen alter Schränke)
Raspel (zum Ausbessern schadhafter Stellen)
Beißzange (zum Entfernen von Nägeln)
Feinsäge (zum Sägen kleiner Leisten und Verzierungen)
Schneidelade (zum exakten Zuschneiden von Leisten)
Stechbeitel (zum Abnehmen von Profil-, Sims- und Sockelleisten)
Hammer (zum Zerlegen der Möbelstücke)
Schraubenzieher (zum Entfernen von Schlössern und Beschlägen)
Seitenschneider (zum Abschneiden von Metallteilen)
Nagelbohrer (zum Vorbohren beim Schrauben)
Malerspachtel (zum Verschließen von Löchern und Rissen mit Holzkitt; zum Abschieben alten Lackes)
Wurzelbürste (zum Säubern des abgebeizten Holzes)
Schwamm (zum Wässern des Holzes)
Schleifpapier (zum Schleifen der Holzoberfläche)
Schleifklotz (zum ebenen Schleifen von Flächen)
Stahlwolle (zum feinen Schleifen der Holzoberfläche)

Das hier vorgestellte Werkzeug wird nicht zu allen Arbeiten gebraucht. Was davon angeschafft werden sollte, richtet sich nach den jeweils geplanten Arbeiten.

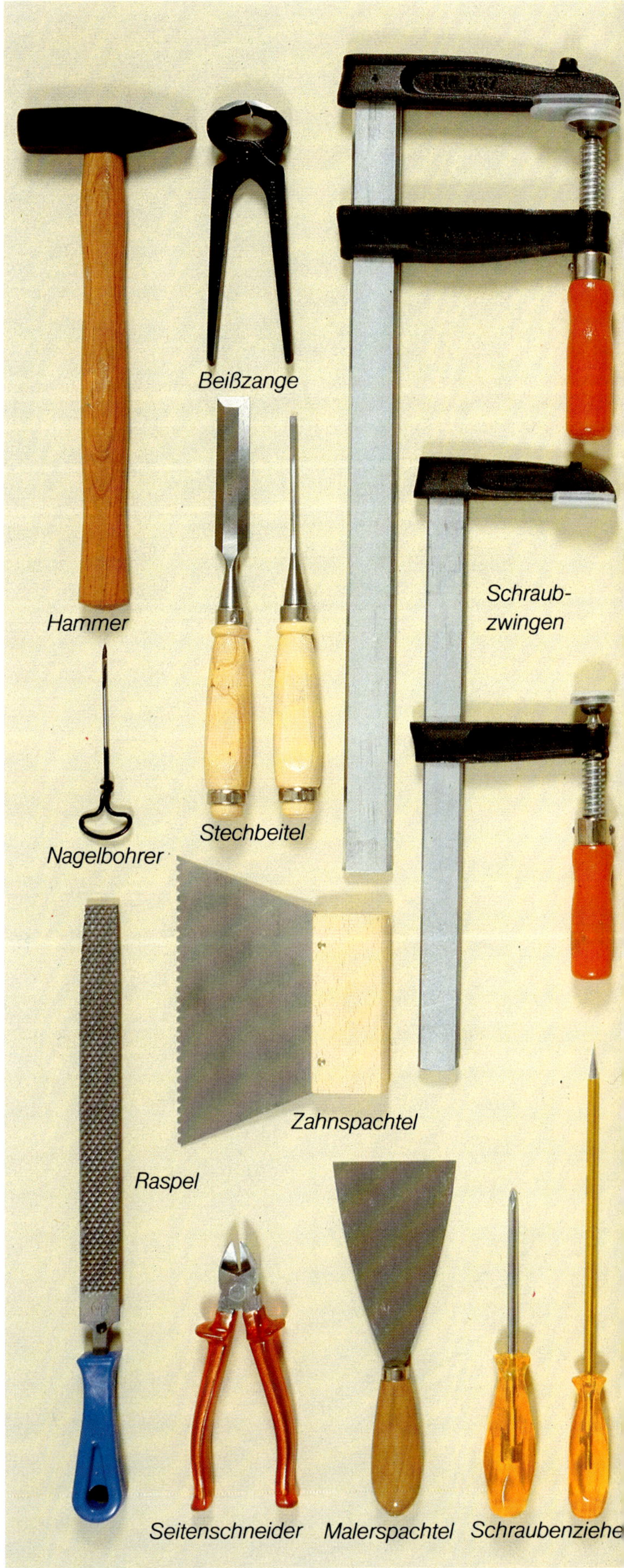

Werkzeuge zur Grundierung und Bemalung

Rotmarderpinsel Größe 3, 4 und 5 (zum Malen der Motive)
Borsten-Lackierpinsel (zum Grundieren und Flächenbeleben)
Borsten-Ringpinsel (zum Grundieren und Flächenbeleben)
Stupfpinsel (zum Schablonieren)
Malstock (zum Aufstützen der Hand beim Malen)
Malschiene (zum Ziehen von geraden Linien)
Gläser ohne Verschluß (zum Mischen von Grundierfarben)
Gläser mit Verschluß (zum Aufbewahren von Farben)
Behälter (zum Auswaschen der Pinsel)
Palette mit Näpfchen (zum Mischen der Motivfarben)
Mehrere Lappen (zum Trocknen und Abstreifen der Pinsel)
Leinenlappen (zum Patinieren)
Grobe Sackleinen und Plastikfolien (zum Marmorieren)
Hühnerfeder (zum Marmorieren)
Radiergummi, flachen Hartgummi und starke Pappe (für die Kammtechnik)
Kreidepapier (zum Durchpausen der Vorlagenmotive)
Kreidestift (zum Vorzeichnen)
Abdeckband (für exakte Ränder und Abgrenzungen)

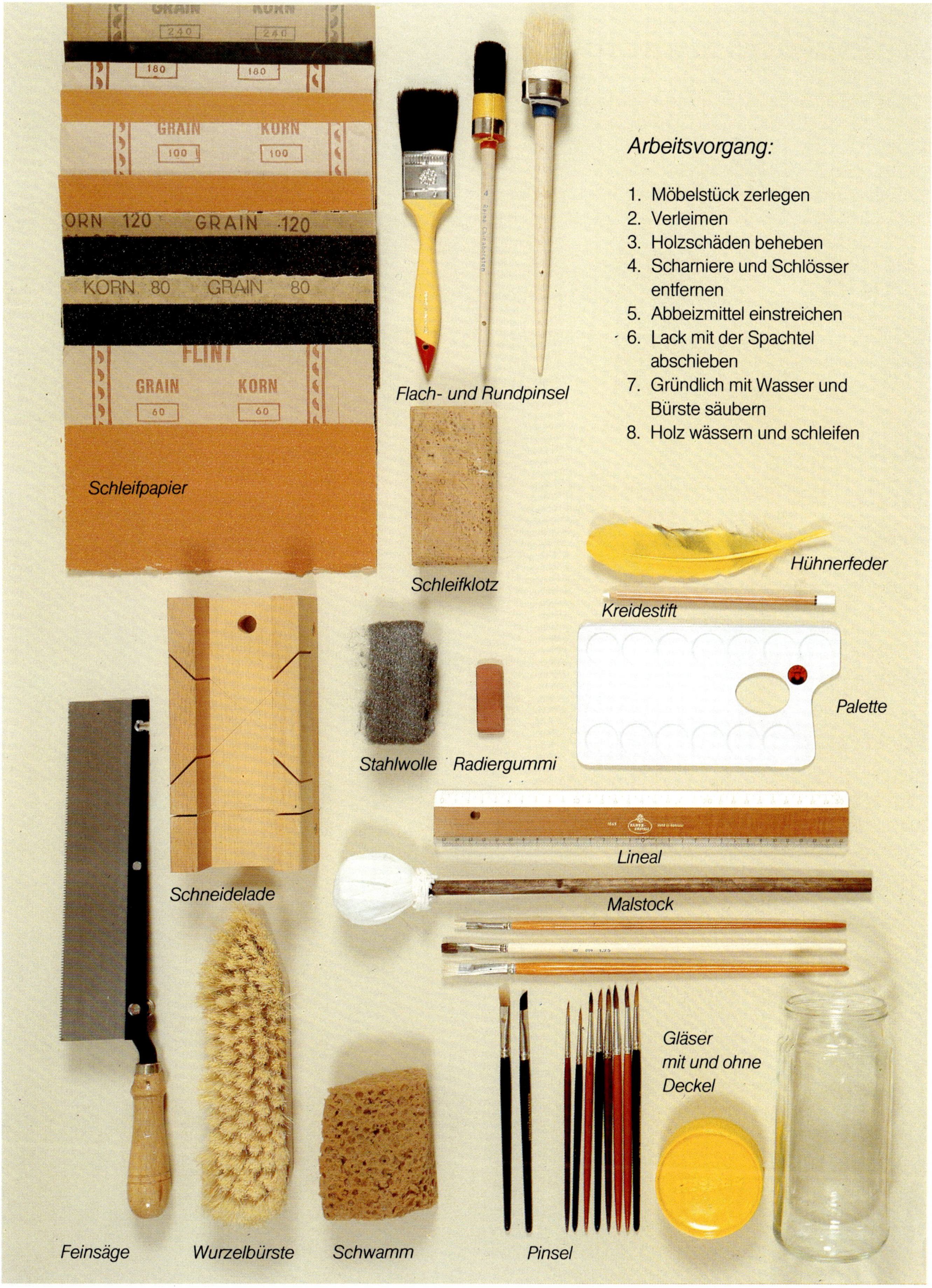

Arbeitsvorgang:

1. Möbelstück zerlegen
2. Verleimen
3. Holzschäden beheben
4. Scharniere und Schlösser entfernen
5. Abbeizmittel einstreichen
6. Lack mit der Spachtel abschieben
7. Gründlich mit Wasser und Bürste säubern
8. Holz wässern und schleifen

Werkstoffe für die Malgrundvorbereitung

Abbeizmittel (zum Entfernen der alten Lackschicht)
Vorsicht! Beim Arbeiten Gummihandschuhe tragen.
Wasserstoffsuperoxyd (zum Bleichen des Rohholzes)
Holzkitt (zum Verschließen der Löcher und Risse)
Holzleim (Ponal-Holzleim zum Verbessern von Holzteilen)
Holzwurmmittel z.B. Xylamon (zum Beseitigen der Holzwürmer und gegen Neubefall)
Kunstharzbinder (zum Porenfüllen, Festigen des Holzes und Farbenmischen)
Nitro-Hartgrund, Schnellschleifgrund oder
Nitro-Holz-Einlaßgrund (zum Porenfüllen und Festigen)
Nitro-Verdünnung (zum Pinsel- und Spachtelreinigen)
Kleber (Pattex für Furniere usw.)

Werkstoffe für die eigentliche Malerei

Dispersions-, Öl- und Kaseinfarbe (zum Grundieren und Motivmalen)
Patina (die Malerei wirkt dadurch schöner und bekommt einen gewissen Antikeffekt)
Mischung: 2 Teile Terpentin, 1 Teil gekochtes Leinöl, etwas Kreidepulver und Umbra
Antikwachs
Mischung: Bienenwachs, überdeckt mit Terpentin und im Wasserbad gekocht
(zum Schutz der patinierten Malerei)
Seidenmattlack
Terpentinersatz (zum Pinselreinigen)
Holzbeize
Holz-Ballenmattierung

Werkstoffe für die Säuberung und Patinierung von Beschlägen, Schlössern, usw.

Schwefelsäure (zum Reinigen von Beschlägen und Schlössern)
Mischung: 1 Teil Säure, 9 Teile Wasser
Achtung! Schwefelsäure ins Wasser geben, nicht umgekehrt.
Nie mit bloßen Fingern arbeiten, immer eine Zange verwenden.
Gekochtes Leinöl (zum Patinieren von Eisenteilen)
Schwefelleber
Mischung: 1 Liter Wasser, 20 g Schwefelleber (zum Patinieren von Messing und Kupferteilen)

Was sollte man bemalen?

Für die ersten Malversuche eignen sich besonders kleine Rohholzgegenstände, wie Spanschachteln, Fleischbretter, Teller, Kerzenleuchter, Kleiderbügel usw., die in Hobby- und Spielwarengeschäften in großer Auswahl erhältlich sind. Haben Sie solch einen Rohling erworben, müssen Sie diesen lediglich mit 240er Schleifpapier schleifen und mit Holz-Einlaßgrund streichen. Die Poren schließen sich und man bekommt eine glatte Oberfläche. Nach dem Trocknen schleift man nochmals leicht darüber und dann kann mit einer Bauernmalfarbe grundiert werden. Verwendet man keinen Holz-Einlaßgrund, genügt bei kleinen Gegenständen auch ein zweimaliges Grundieren. Beim ersten Anstrich die Farbe etwas mit Wasser verdünnen.

Nun kann mit dem Malen der Motive bereits begonnen werden.

Weitaus komplizierter ist es bei einem Schrank, den Sie bei der Entrümpelung eines Dachbodens bei guten Bekannten gefunden haben. Meistens sind es Möbel aus der Zeit um die Jahrhundertwende. Diese Schränke, Kommoden, Koffertruhen usw. weisen vorwiegend braune Maserierungen oder Lasuren auf, die man erst abbeizen muß, bevor man sie bemalen kann. Natürlich sind diese Gegenstände gegenüber den in Bastelgeschäften gekauften Rohholzteilen mit wesentlich mehr Arbeit verbunden, aber von besserer Qualität, formschöner, stilechter und noch billiger.

Welche Arbeiten fallen bei alten Möbelstücken an?

Das Abbeizen der alten Farbe

Wegen der nicht ganz ungiftigen Dämpfe und dem dabei entstehenden Schmutz sollte man im Freien abbeizen. Das Abbeizmittel (in jedem Farbengeschäft erhältlich) mit einem Pinsel auftragen. Diese handelsüblichen Abbeizmittel lösen praktisch alle alten Möbelanstriche, ob Nitro-, Kunstharz-, Spiritus- oder Dispersionsfarbe. Den Abbeizer läßt man so lange einwirken, bis die Farbe quillt und reißt. Mit einer Spachtel schieben wir die Farbe ab. Achten Sie darauf, daß die Holzoberfläche nicht beschädigt wird. Etwaige Farbreste werden noch einmal mit Abbeizmittel bestrichen, bis sie sich lösen. Die gelöste Farbe streicht man in eine alte Blechdose oder auf Zeitungspapier. Ecken, Kanten und Profile werden mit selbst angefertigten Holzstäben und Spänen gesäubert. Nicht in der grellen Sonne arbeiten, sonst trocknet die Lauge zu schnell und wir müssen nochmals einstreichen. Zum Schluß wird mit einer Salmiaklösung (1 Liter Wasser, ca. 1 Teelöffel Salmiakgeist) der Restschmutz noch entfernt. Mit klarem warmem Wasser wäscht man den Schrank und trocknet ihn mit einem Lappen ab.
Zum Aufhellen (Bleichen) des alten Holzes verwendet man 30%iges Wasserstoffsuperoxyd aus der Apotheke. *Beide Mittel sind ätzend!* Beim Arbeiten unbedingt Gummihandschuhe und alte Kleidung tragen. *Kinder dabei fernhalten!*

Entwurmen

Kleine runde Löcher in der Holzoberfläche lassen auf Holzwurm schließen. Häuft sich ringsum auch heller Holzstaub, heißt das, daß diese Schädlinge noch tätig sind. Abhilfe schafft Xylamon. Sind es nur wenig Löcher, genügt das direkte Einspritzen in die Löcher mit einer Spritze, die es ebenfalls in dem Farbengeschäft gibt. Ist der Befall größer, streicht man die ganze Fläche satt mit dem Pinsel ein und läßt das Holzteil ca. 1 Woche lang, luftdicht in Plastikfolie eingepackt, liegen. Immer nur die Innenseite einstreichen, auf einer Bemalung würde das Mittel Flecken ergeben. Nach dem Entwurmen den Schrank richtig auslüften, gründlich waschen und trockenreiben. Die Innenseite des Schrankes kann mit einer Wasserbeize (im Handel als Pulverbeize erhältlich) gefärbt werden und somit wesentlich gepflegter und schöner wirken.

Holzschäden beseitigen

Nach dem Abbeizen zeigt sich oft, daß die Holzoberfläche Unebenheiten oder Druckstellen aufweist. Diese Dellen lassen sich auf einfache Art beheben. Mit einem sauberen Schwamm wird die betreffende Stelle mit heißem Wasser ausreichend benetzt. Das Holz quillt und die Druckstellen gleichen sich aus.
Andere Beschädigungen, wie Löcher, Risse, Holzabsplitterungen usw. müssen möglichst mit dem originalen Holz behoben werden. Kleine Löcher und Risse kann man aber auch mit flüssigem Holz füllen, das es in passenden Holzfarbtönen gibt. Bevor man mit der Spachtel den Holzkitt aufträgt, müssen die Risse und Löcher mit Nitroverdünnung leicht benetzt werden. Der Kitt hält dann besser. Oft muß der ganze Schrank verleimt werden; dazu benötigen wir Holzleim – (Ponal) – den wir in die Ritzen mit einem Messer hineinstreichen und große Schraubzwingen (vom Schreiner leihen), die den Schrank zusammenhalten. Zierleisten und Füße muß man meistens vom darunterliegenden Schmutz befreien und neu verleimen.

Beschläge und Schlösser reinigen

Vorwiegend sind die Beschläge und Schlösser aus Eisen, Kupfer und Messing. Diese sollte man nicht übermalen, sondern vor dem Abbeizen des Holzes sorgfältig lösen. Um ihnen wieder ein antikes Aussehen zu geben, müssen die Metallteile erst in einem Schwefelsäurebad ca. 10 Minuten gereinigt werden (man kann auch Sidol verwenden).

Schwefelsäurebad: 1 Teil Schwefelsäure, 9 Teile Wasser
Achtung! Schwefelsäure ins Wasser geben, nicht umgekehrt.

Nie mit bloßen Fingern arbeiten, immer eine Zange verwenden!
Die gesäuberten Metallteile werden mit gekochtem Leinöl bestrichen und über einer Kerzenflamme eingebrannt. Auch hier die Zange verwenden, das Metall wird sehr schnell heiß. Am nächsten Tag reiben wir die Teile mit Stahlwolle ab und versehen sie mit einem Seidenglanzlack. Messing- und Kupferteile kommen in das gleiche Reinigungsbad. Nur patiniert werden sie in einem Schwefelleberbad.

Schwefelleberbad: 20 g Schwefelleber, 1 Liter warmes Wasser. Je stärker die Lösung, desto dunkler die Färbung.

Mit Stahlwolle können wir zum Schluß die erhabenen Stellen aufhellen. Auch hier verwenden wir Seidenmattlack.

Wässern und Schleifen

Erst jetzt ist das alte Holzteil soweit, daß man es wie ein neues Holz (gekaufter Holzrohling) behandeln kann. Um eine besonders glatte Oberfläche zu bekommen, muß das Holz mit warmem Wasser gewässert werden. Das überschüssige Wasser nimmt man mit einem trockenen Schwamm ab und schleift nach kurzer Trocknungszeit nacheinander in drei verschiedenen Körnungen und zwar 80, 120 und 240. Immer mit der Holzmaserung schleifen und unbedingt einen Schleifklotz aus Holz oder Kork verwenden. Dann gründlich die Holzoberfläche mit einer Bürste oder einem kleinen Besen entstauben.

Möbel mit schöner Holzmaserung müssen nicht bemalt werden. Gebeizte, lackierte, mattierte und gewachste Naturschränke sind wieder hoch aktuell.

Beizen

Es gibt gebrauchsfertige Beizen. Dagegen müssen Pulverbeizen erst in Wasser aufgelöst werden (nicht in einem Metallbehälter). Machen Sie immer eine Probebeizung. Wenn der Farbton stimmt, dann tragen Sie die Beize zügig mit einem breiten Pinsel (keine Metallzwinge) in Richtung der Holzmaserung auf, danach quer. Überschuß mit dem Pinsel aufnehmen und gleichmäßig verteilen. Lassen Sie die gebeizte Fläche über Nacht trocknen. Die gebrauchsfertig gekaufte Beize enthält ein chemisches Mittel, das bewirkt, daß die dunklen Streifen der Maserung und die Jahresringe dunkel und die hellen hell bleiben.
Anders ist es bei einer Dispersionsfarbe, die wir mit Wasser verdünnt lasierend auftragen. Da wird das weiche helle Holz dunkel und das harte dunkle Holz hell.

Grundieren

Bevor man die gebeizte oder naturelle Holzoberfläche mit einem Lack überzieht, müssen die Holzporen geschlossen sein. Die Schnellschleifgrundierung (Holz-Einlaßgrund) wird mit einem weichen Flachpinsel in Holzfaserrichtung aufgetragen. Strich neben Strich. Dieser Nitro-Einlaßgrund konserviert den Untergrund und bewahrt ihn obendrein vor Schädlingsbefall.

Nach dem Trocknen der Grundierung (ca. 15–30 Minuten) wird die Holzoberfläche mit 240er Schleifpapier leicht geschliffen und anschließend gründlich entstaubt.

Lackieren

Der Lack wird mit einem weichen Haarflachpinsel Strich um Strich in Holzmaserrichtung aufgetragen. Am besten verwendet man Ein- oder Zweikomponenten-Kunstharzlack (seidenmatt und matt) – er ist sehr strapazierfähig.

Mattieren

Man nimmt ein Stück Trikot, ballt es zu einem fest in der Hand liegenden Knäuel, feuchtet diesen Ballen gleichmäßig, aber nur mittelnaß an und legt dann ein dünnes Leinentuch faltenfrei herum. Unter leichtem Druck in Holzstruktur-Richtung wird die Mattierung Strich neben Strich aufgetragen. Solange reiben, bis der gewünschte Glanz erreicht ist. Der Auftrag trocknet während der Verarbeitung und klebt nicht nach.
Diese Ballenmattierung ergibt glatte, gleichmäßige Flächen. Wo ein Auftrag mit dem Ballen nicht möglich ist, z.B. bei Schnitzereien, genügt auch ein Pinsel.

Wachsen

Bei vielen alten Bauernmöbeln wurde die Holzoberfläche gewachst. Ob auf natur oder bemalten Schränken. Ein-, zwei- bis dreimal wird Antikwachs (Bienenwachslösung im Hobby-, Spielwaren- und Farbengeschäft erhältlich) gleichmäßig aufgestrichen. Nach dem Trocknen bürstet man die Oberfläche mit einer stumpfen Wurzelbürste.
Zum Schluß reibt man die Oberfläche mit einem Wollappen glänzend. Die Holzstruktur wird ausdrucksvoll, feurig und erhält dadurch einen gewissen Antikeffekt.
Speziell auch nach der Bemalung bietet sich dieses Wachsverfahren an.

▲
Kommode

Auch unbemalt wirken solche Stücke dekorativ. Vor allem, wenn das Holz noch in einwandfreiem Zustand ist. Soll die Kommode strapaziert werden, dann sollte man sie lackieren. Am besten, man verwendet einen Zweikomponenten-Kunstharzlack (Seidenmatt), den man mit einem Lackierpinsel aufträgt.

Holzoberfläche behandeln: Wässern – Schleifen – Lackieren – trocknen lassen – Schleifen – Lackieren.

Schrank von 1899 mit eingebrannten Motiven ▶

Die Holzoberfläche wurde gewässert mit 240er Schleifpapier und Stahlwolle fein geschliffen und dann mit einer Bienenwachslösung (Antikwachs 2 bis 3 mal aufgetragen) eingelassen. Nach dem Antrocknen wird die Oberfläche gebürstet und mit einem Wollappen poliert. Es wäre ein Stilbruch, wenn man diesen Schrank bemalen würde. Die gebrannten Linien könnte man noch nachbrennen, damit sie besser zur Geltung kommen, wobei die verblaßten Linien wie Kerbschnitte wirken.

1899

Die Farben der Bauernmalerei

Früher haben fast alle ländlichen Schreinermaler die Kaseinfarbe verwendet. Die Zutaten für diese Farbe waren mühelos zu bekommen. Als Bindemittel wurde Kasein, ein Milchprodukt verwendet. Der aus Magermilch gewonnene Quark (Topfen) muß fein zerrieben und mit gelöschtem Kalk vermischt werden.

Mischung:
1 kg Topfen   1 gehäufter Teelöffel Kalk

So entsteht der Kaseinleim, das eigentliche Bindemittel. Die Mischung wird durch ein feines Sieb gestrichen und mit Leinölfirnis emulgiert. Zum Schluß verdünnt man den Kaseinleim mit Wasser.
Die Bauern und Dorfmaler ließen früher einen Topf Magermilch so lange stehen, bis die Milch sauer geworden ist. Mit Hilfe eines feinen Tuches preßten sie die festgewordene saure Milch (Quark) aus, das Wasser sondert sich so ab und man hat reines Kasein.
Das Bindemittel (Kasein) wird mit Farbe (Pigment) angerührt. Nur die benötigte Tagesmenge ansetzen, da Kasein sehr schnell fault. Die Schreinermaler haben natürliche Pigmente wie Kienruß, Ochsenblut usw. verwendet.
Trockenpigmente (Farbpulver) kann man in guten Farbengeschäften erwerben.
Die Farbzubereitung ist aber sehr mühselig. In der heutigen Zeit werden gebrauchsfertige, gleichwertige Dispersionsfarben von Hobby-, Spielwaren- und Farbengeschäften angeboten. Die Dispersionsfarbe weist die gleiche Maleigenschaft und Haltbarkeit auf. Sie unterscheidet sich lediglich durch das Bindemittel.
Wie die Kaseinfarbe, kann die Dispersionsfarbe lasierend oder deckend mit Wasser vermalt werden. Sie trocknet matt und wasserunlöslich auf. Diese Farben trocknen sehr schnell und lassen ein zügiges Arbeiten zu.
Sollten Sie Ihre Dispersionsfarbe selbst ansetzen wollen, dann verwenden Sie: Pulverfarben (Pigment), Kunstharzbinder (Caparol), Wasser.
Dem Pulver wird Wasser zugesetzt und mit einem Stock zu einem dickflüssigen Brei verrührt. Den Brei lassen wir über Nacht stehen. Am nächsten Tag rühren wir den Brei nochmals auf und geben Bindemittel (Caparol) dazu.
Verhältnis: 3 Teile Farbbrei, 1 Teil Binder.

Grundierung

Lasierende Grundierung

Die Farbe muß so verdünnt werden, daß die Holzstruktur etwas durchscheint. Dispersions- und Kaseinfarben, die speziell bei der Bauernmalerei Verwendung finden, müssen mit Wasser (10 Teile Farbe, 1 Teil Wasser) verdünnt werden. Bei einer stärkeren Verdünnung sollte man im gleichen Verhältnis der Wasserzugabe auch einen Kunstharzbinder (Caparol) zufügen. Bevor dieser lasierende Anstrich vorgenommen wird, muß die Holzoberfläche durch mit Wasser verdünntem Kunstharzbinder grundiert werden, damit sich die Poren des Holzes schließen. Nitro-Hartgrund kann auch verwendet werden. Die Farblasur trägt man mit einem weichen breiten Flachpinsel auf. Um die Transparenz noch zu steigern, ist ein Schleifen (Sandpapier) nötig.
Auch die handelsübliche Patina (auf Ölbasis) kann man als braune Lasurfarbe verwenden. Sie gibt es gemischt und gebrauchsfertig zu kaufen. Mit einem Pinsel oder Lappen wird die Patina aufgetragen. Wenn wir sofort mit einem sauberen fusselfreien Lappen die überschüssige Patina wegnehmen, wirkt die Färbung heller. Der Farbton kann noch mit ein wenig Terpentin im Lappen aufgehellt werden.
Diese beiden lasierenden Grundierungsarten bieten sich am besten für die Flach- und Lasurmalerei an.

Deckende Grundierung

Zuerst wird die vorbehandelte Holzoberfläche mit wasserverdünntem Bindemittel (Caparol) oder mit Nitro-Hartgrund eingelassen. Gut trocknen lassen und dann mit 10% wasserverdünnter Farbe den ersten Anstrich vornehmen. Ca. 30 Minuten warten und dann den Deckanstrich anbringen. Die Farbe wird erst quer und dann zügig längs verstrichen. Wir lassen den bemalten Gegenstand 24 Stunden trocknen. Dann nämlich ist die Farbe erst richtig wasserfest. Sollte man später beim Motivmalen einen Malfehler begehen, kann die noch nasse Farbe von der Grundierung ohne Mühe mit einem nassen Lappen abgewischt werden. Die Grundierung wird dabei nicht beschädigt. Bei schon angetrockneter Motivfarbe besteht nur die Möglichkeit, die Farbe vorsichtig mit Terpentin von der Grundierung zu lösen.

Farben mischen

Vermeiden Sie beim Malen ungemischte Farben direkt aus den Gläsern oder Dosen. Die Farben der Bauernmalerei sind alle korrigiert und abgetönt. Das kann man gut an Originalen erkennen.
Aus dem drei Grundfarben
Rot, Gelb und Blau
kann theoretisch jeder Farbton gemischt werden. Mit Schwarz und Weiß wird lediglich die reine Farbintensität gebrochen. Sämtliche Farbtöne sind einfach mit etwas Weiß heller oder mit Schwarz dunkler zu bekommen. Man sollte aber dennoch sein Farbsortiment – außer den Grundfarben – mit den Farben Ocker, Grün und Braun ergänzen. Das Mischen fällt einem dann wesentlich leichter.

Farbtafel

1) *Lasierende Grundierung*
2) *Deckende Grundierung*
3) *Motivfarben*

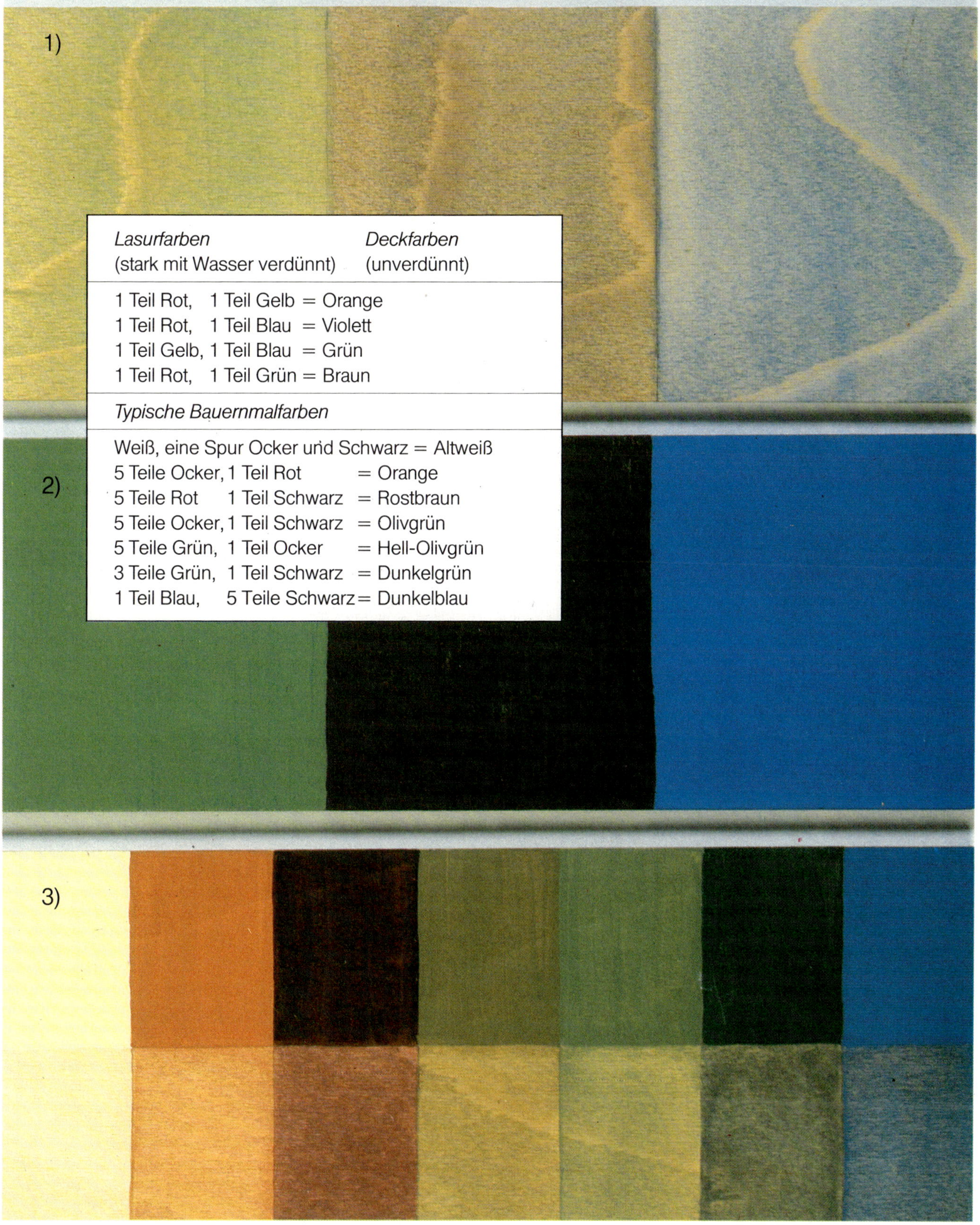

Lasurfarben (stark mit Wasser verdünnt)	*Deckfarben* (unverdünnt)
1 Teil Rot, 1 Teil Gelb = Orange	
1 Teil Rot, 1 Teil Blau = Violett	
1 Teil Gelb, 1 Teil Blau = Grün	
1 Teil Rot, 1 Teil Grün = Braun	
Typische Bauernmalfarben	
Weiß, eine Spur Ocker und Schwarz = Altweiß	
5 Teile Ocker, 1 Teil Rot = Orange	
5 Teile Rot 1 Teil Schwarz = Rostbraun	
5 Teile Ocker, 1 Teil Schwarz = Olivgrün	
5 Teile Grün, 1 Teil Ocker = Hell-Olivgrün	
3 Teile Grün, 1 Teil Schwarz = Dunkelgrün	
1 Teil Blau, 5 Teile Schwarz = Dunkelblau	

Die Flächenbelebung als Gestaltungselement

Kleistermalerei

Im 17. und Anfang des 18. Jahrhunderts wurde diese Technik in Verbindung mit geometrischen Ornamenten (Gitter-, Flecht- und Kreisornamente) und Pflanzen auf Möbeln angewendet. Die Kleistermalerei wurde fast nur auf Blankholz oder leicht gefärbtem Holz durchgeführt. Da die Kleisterfarben etwas dickflüssiger sind und nicht so schnell trocknen, wie die normal im Handel fertigen Dispersionsfarben, lassen sich diese besser mit Kämmen, Flach- und Ringpinsel usw. verarbeiten. Die Flächenstruktur tritt wirkungsvoller und schöner hervor. Leider müssen die Kleisterfarben selbst angesetzt werden. Am besten Sie probieren es erst mit einer kleinen Menge.

3 gestrichene Eßlöffel Weizenpuder (Mehl) wird in etwas Wasser aufgelöst. Dann gießt man einen halben Liter heißes Wasser darüber. Man läßt die Kleisterfarbe abkühlen (gelegentlich umrühren).

Die Färbung nehmen wir mit normalen Pigmenten (Pulverfarbe, Plakat- und Dispersionsfarben) durch Einrühren vor.

Arbeitsablauf:

ungefärbten Kleister mit einem Flachpinsel auftragen
gut durchtrocknen lassen
gefärbten Kleister mit einem Flachpinsel auftragen
sofort mit Kamm oder Pinsel bearbeiten
Man kann aber auch mit Dispersionsfarben die Flächenbelebungs-Techniken durchführen.

Kasslerlasur:
3 Becher Wasser
1 Becher Caparol (Bindemittel)
1 Schuß Spiritus
etwas Trockenfarbe (Kasslerbraun)

Die Mischung wie im Kapitel „Farben der Bauernmalerei" Seite 18 vornehmen.
Bevor man die Kasslerlasur aufträgt, muß das Blankholz mit Bindemittel eingelassen werden.
Mischung:
1 Becher Caparol (Bindemittel)
3 Becher Wasser
Diese Grundierung schließt die Poren und verhilft zum guten Gelingen. (Grundierung muß durchgetrocknet sein, bevor man die Lasur aufträgt.)

Merke:

rasch arbeiten

nur Teilflächen bearbeiten

die Maltechniken gelingen nur, solange der Kleister naß ist

Holzbrettchen auf Packpapier zum Üben bereitstellen

einige Lappen zum Säubern der Geräte bereithalten

Kammtechnik

In die noch nasse Farbe werden mit einem Kamm Gerade-, Zickzack-, Flammen- und Wellenlinien gezogen. Die Zacken der Kämme wischen die Farbe bis zum hellen Untergrund ab, lediglich zwischen den Zacken bleibt die Farbe stehen. Wir stellen uns die Kämme selbst her.
Am besten bieten sich große Radiergummis, flache Hartgummistücke und Gummispachteln an. Diese werden mit einem scharfen Messer zugeschnitten. Bei den Zackenmustern können Sie Ihrer Phantasie freien Lauf lassen.
Außerdem kann man mit der Kante eines Radiergummis oder mit einem spitzen Holzstäbchen gerade Linien, um Füllungen vorzutäuschen, ziehen (Linienbrettchen verwenden).
Arbeiten Sie methodisch und ziehen Sie nicht willkürlich Linien. Parallel verlaufende Zickzack- und Wellenlinien ergeben ein schönes Muster.

Fränkischer Bauernschrank von 1803 ▶

Die Bemalung weist nur Kammstrich-Malerei auf. Ein Schrank nur mit dieser Bemalung ist äußerst selten. Vor der Restauration war die Bemalung fast nicht mehr zu erkennen und sehr stark beschädigt. Mit Salmiaklösung wurde dieser Schrank gereinigt, ohne die restliche Bemalung zu zerstören und anschließend mit Bindemittel (3 Teile Wasser, 1 Teil Caparol) eingelassen. Die Kammführung und den Farbton konnte man so besser erkennen. Gleichzeitig war somit die ideale Grundierung für die Restaurierung der Kammtechnik geschaffen.

Kammtechnik

Flächenbelebung auf einem vorgrundierten Buchen-Sperrholzbrettchen mit Kasslerbraun. Mit einem vorgeschnittenen Radiergummi sind diese Motive ausgeführt.
Zügiges Herausziehen des Kammes (eingeschnittener Radiergummi) nach rechts und links. Speziell bei Seitenleisten und -flächen wird dieser Kammstrich angewandt. Wellenlinien und gerade Striche mit der Radiergummikante. Nur zwei Kerbeinschnitte im Radiergummi ergeben dieses Muster. Erst nach rechts ziehen und dann nur mit der Kante (den Radiergummi nicht drehen oder wenden) nach links unten ziehen.
Den Kamm von oben nach unten wellenförmig führen. Es gibt dabei unzählige Möglichkeiten. Die Beispiele sind die einfachsten und auch die wirkungsvollsten.
▼

Fläche mit Hartgrund oder Bindemittel (Caparol) grundieren – trocknen lassen.
Mit Abdeckband die Flächen abtrennen und felderweise die Flächenbelebung (Ringpinsel- und Kammstrichtechnik) vornehmen. Motiv mit lasierenden Farben malen.
Holzbrettchen mit Bindemittel (Caparol) oder Hartgrund einlassen. Das Motiv und die Linieneinteilung aufzeichnen. Die Rautenform in der Mitte und die Randfelder werden mit Klebeband abgedeckt. Mit einem Flachpinsel wird die freie Fläche braun gebeizt. Nach dem Trocknen beseitigen wir das Klebeband und decken nur das gebeizte Rechteck ab. Nun streicht man die Randfelder mit brauner Farbe ein und beginnt sofort mit dem Kammstrich. In der Ecke dreht man den Ringpinsel einmal um seine eigene Achse. Zum Schluß wird das Motiv gemalt und die Trennlinien mit schwarzbrauner Farbe nachgezogen. ▶

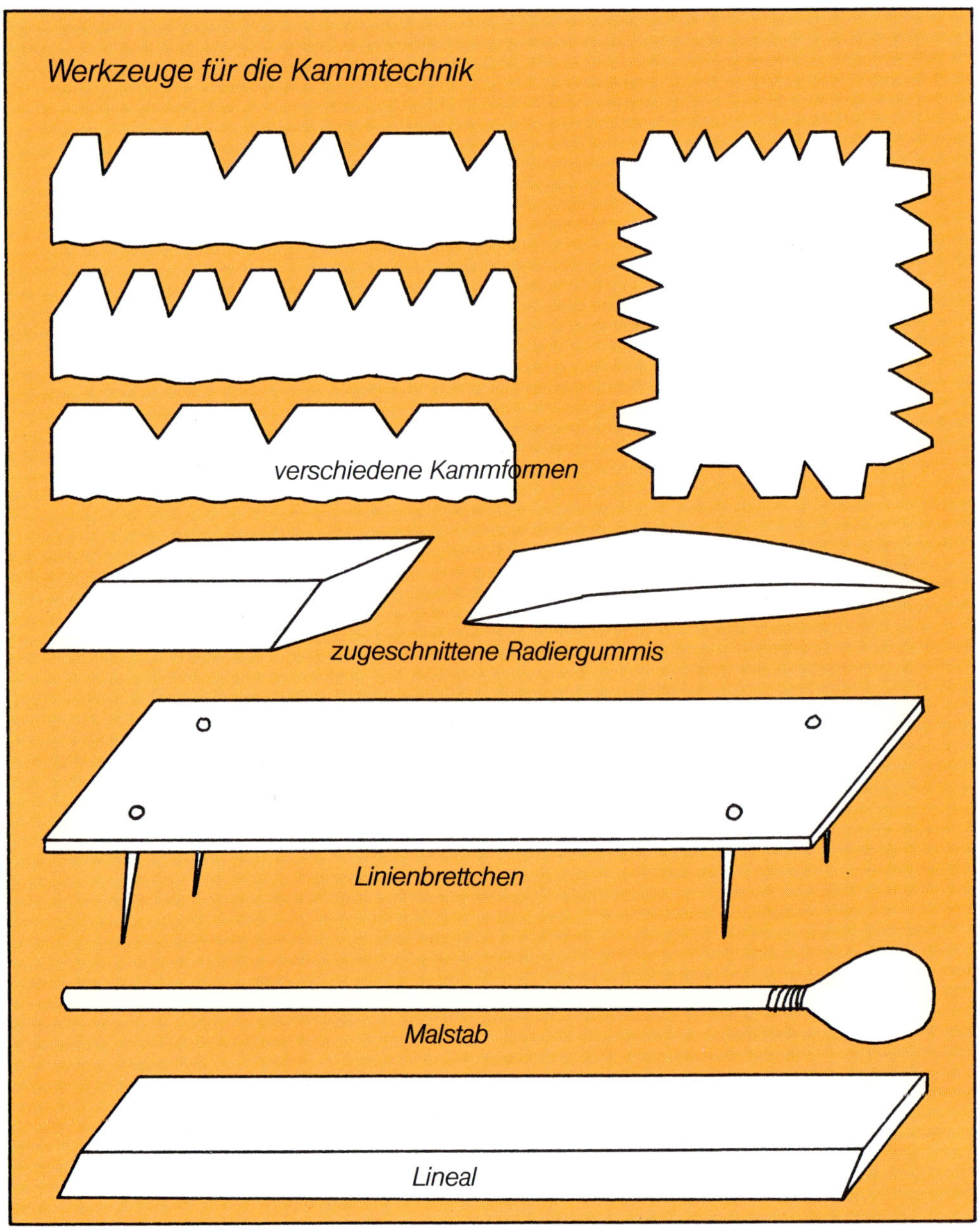

Ringpinseltechnik

Mit einem stumpfen Ringpinsel werden in die noch nasse Farbe kreisförmige Ornamente gemalt. Der Pinsel wird dabei senkrecht aufgesetzt und einmal um seine eigene Achse gedreht. Die Borsten sollen dabei auseinandergehen. Nicht absetzen, in einem Zug das Kreisornament malen. Man ordnet die Kreise ganz dicht nebeneinander an, sie sollen sich sogar überschneiden. Einige Lappen sollte man ständig bereitliegen haben, damit der Pinsel nach mehreren Kreisornamenten getrocknet werden kann. Nur dann gelingt diese Flächenbelebung und die Grundierung wirkt harmonisch.

Schnelles Arbeiten ist auch bei dieser Technik erforderlich. Angetrocknete Farbe läßt sich nicht verziehen oder verwischen. Von links nach rechts und von oben nach unten arbeiten. Dabei den Pinsel steil halten und ihn einmal um seine eigene Achse drehen. Immer unmittelbar (darf sogar etwas überschneiden) an das vorher gemalte Schneckenmotiv das weitere ansetzen.

Die Möglichkeit, die Ringpinseltechnik mit der Kammtechnik zu kombinieren, ist äußerst interessant, speziell um Türfüllungen herum.

Nicht mit dem Ringpinsel, sondern mit der Radiergummispitze sind die Muschel- oder Schneckenformen gezogen (Wurzelholzmaserungsimitation). Früher führte man diese Technik auch mit den Fingern oder einem Holzstäbchen aus.

In Verbindung mit Strichen entstehen regelrechte Gitterornamente, die sehr wirkungsvoll sind.

Man kann die Ringpinseltechnik auch in regelrechten Wellenlinien durchführen.

Bei großen Flächen und Füllungen wirken gemalte Blumenmotive sehr gut, die man noch mit schwarzen, roten oder weißen Linien absetzen kann. ▶

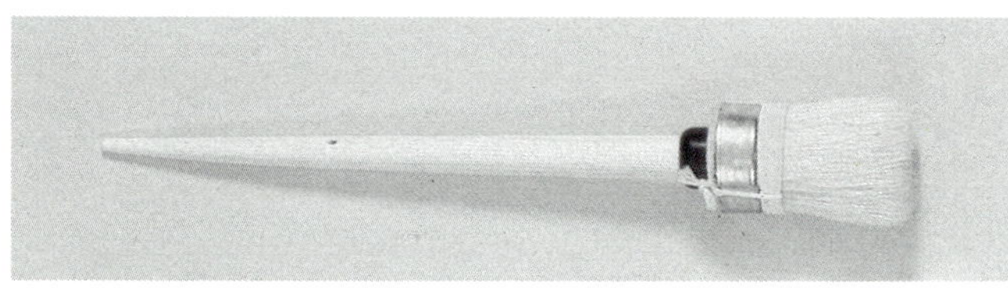

Ringpinsel

Flachpinsel-Technik

Man grundiert die Holzoberfläche mit ungefärbtem Kleister. Nach dem Trocknen wird nur ein bestimmter Teilabschnitt mit farbigem Kleister eingestrichen. Mit dem Flachpinsel legt man die Stufung an. Der Pinsel wird dabei schräg gestellt und aus dem Handgelenk wippend bewegt. Zügig arbeiten und das Muster hintereinander anlegen. Zwischendurch den Pinsel am Lappen abtrocknen. Die Pinselbewegung und die Holzstruktur kommen so besser zum Tragen.

Furniermalerei

Diese Malerei wird fast ausschließlich mit zwei Farben angelegt (Hell- und Dunkelbraun auf Blankholz).
Durch diese Technik imitierte man die Holzmaserung und die sehr teueren und aufwendigen Intarsienarbeiten. Die Füllung einer Schranktür wird mit Zeitungspapier abgedeckt und mit Klebeband an der äußersten Begrenzungslinie festgeklebt. Dann teilen wir die Rahmenfläche in Viertel auf. Den Rand decken wir bis zur Markierungslinie mit einem Bogen Papier ab. Der selbst zugeschnittene Furnierpinsel wird auf dem Abdeckband angesetzt und schräg nach außen gezogen. Durch die unterschiedlich zugeschnittenen Borsten wird die Farbe verdrängt und die Holzstruktur scheint durch. Bei den kurzgeschnittenen Borsten bleibt die Farbe stehen. Nach jedem Strich wischt man den Pinsel an einem Lappen ab und fährt so fort, bis die Fläche ganz furniert ist.

Kommode (1896)

Wenn man diese Maltechnik anwenden will, ist es Voraussetzung, daß man das Stück sauber abbeizt. Das Blankholz wird mit Caparol (1 Teil Caparol, 3 Teile Wasser) eingelassen. Es bewirkt, daß die Farbe nicht sofort ins Holz eindringt. Erst gestalten wir die drei Schubfächer. Die Fläche, die später mit Blumen bemalt wird, dekken wir mit Klebeband ab. Der Rand wird mit Furniermalerei verziert.
Ebenso wird der Kommodendeckel gestaltet, nur, daß keine Blumen, sondern ein naives Landschaftsbild in die Mitte kommt. Die Seitenteile sind in der Ringpinseltechnik ausgeführt.

So sind oft Schranktüren verziert. Erst werden die zwei Füllungen mit Zeitungspapier und Klebeband abgedeckt. Dann arbeiten wir uns, wie im Kapitel Furniermalerei beschrieben, vor. Wobei wir diesmal den Flachpinsel nicht zuschneiden. Wir setzen sauber den Flachpinsel an der Abdeckbandkante an und ziehen die braune Farbe (Kasslerbraun mit Wasser verdünnt) nach unten.
Der Pinsel wird leicht am Lappen abgestreift und etwas versetzt nach unten gezogen. Den Pinsel nochmals am Lappen abstreifen und wieder versetzt nach unten ziehen. So entsteht automatisch eine Dunkel-Hell-Abstufung, die eine sehr schöne Wirkung hinterläßt.
Man kann auch noch mit einem sauberen Leinenlappen die Helligkeitsabstufung steigern. Bei den beiden anderen Schautafeln ist mit zugeschnittenen Flachpinseln gearbeitet worden.

Speziell in der Barock- und Rokokozeit wurden Möbel mit Marmorimitationen versehen. Marmorierte Sims-, Rahmen- und Fußleisten belebten die verspielte Blumen- und Rocaillenmalerei dieser Zeit. Diese Technik kann auf vielerlei Art durchgeführt werden. Wichtig ist, daß große Flächen mit einem ruhigen und kleine schmale Simsleisten mit einem unruhigen Marmor versehen werden sollten. Die erste Grundierung wird lasierend angelegt. Den gleichen Farbton streichen wir noch einmal auf und malen dann mit einer hellen oder dunklen unverdünnten Farbe willkürlich Linien und Netze in den noch nassen Grund. Man verwendet einen Flachpinsel und dreht diesen während des Striches. Die Linien und Netze werden sofort mit einem trockenen Lappen, einer Folie oder mit den Fingern verwischt. Wir dürfen aber nur ganz vorsichtig wischen und tupfen, da sich sonst die Farbtöne zu stark vermischen und nur ein grauer Farbton bleibt. Die gemalte Fläche muß vollkommen durchgetrocknet sein, bevor die Adern mit dem Rotmarderpinsel Gr. 2 oder noch besser mit einer Hühnerfeder aufgemalt werden können.

Arbeitsablauf:

1) Farbe auftragen
2) Kleckse, Linien oder Netze mit dem Pinsel auftragen
3) Mit Folie verwischen
4) Adern ziehen

◀ *Marmor in verschiedenen Farbtönen*

Mit grauer, lasierender Farbe auf trockenen weißen Grund gehen. Unverdünnte weiße und schwarze Farbkleckse aufsetzen. Sofort eine Folie darüberlegen und mit den Fingern von außen nach innen zusammenschieben, dann abheben. Der Marmoreffekt ist verblüffend. Noch schwarze und weiße Adern malen.

Den trockenen, weißen Grund anfeuchten und mit roter und schwarzer Farbe die Liniennetze einmalen. Verwischen und nach dem Trocknen die schwarzen und weißen Adern aufsetzen.

Grundierung: Grün, Farbkleckse Rot und Weiß. Mit Folie verwischen. Adern auftragen.

Blankholz mit Hartgrund oder Bindemittel (Caparol) einlassen. Nach dem Trocknen das Holz mit einem nassen Lappen anfeuchten. Sofort braune Farbe mit dem Pinsel auftragen. Die Farbe mit einem Lappen, einer Folie oder den Fingern verwischen. Erst wenn die Farbe trocken ist, werden die Adern mit dem Rotmarderpinsel gemalt.

Grundierung: Blau, Farbkleckse Ocker und Schwarz.
Mit dem Mittelfinger sind die Farben verwischt. An den Farbrändern sind unauffällig Adern gemalt.

Weitere Flächenbelebungs-Techniken

Diese Gestaltungsarten sowie die Kleistermalerei sind besonders in unserer heutigen Zeit beliebt und werden oft angewandt.

Schwämmeln

Das Wort „Schwämmeln" drückt bereits aus, daß es sich beim Malwerkzeug um einen Schwamm handeln muß. Meistens trägt man eine helle Grundierfarbe auf, läßt sie trocknen und legt dann eine Kontrastfarbe mit dem Naturschwamm darüber.
Der Schwamm wird gut ausgewaschen und ausgedrückt, damit er nicht tropft oder näßt.
Eine kleine Teilfläche des Schwammes wird in eine bereitstehende Farbe getaucht. Auf Pappe, Holz oder Zeitungspapier wird der Schwamm solange gestupft, bis gewährleistet ist, daß gesprenkelte Farbtupfer und keine großen Farbkleckse erscheinen. Dann erst schwämmeln wir die gesamte Malfläche.

Streifen-Technik

Eine ideale Ergänzung zur Marmormalerei. Profilleisten, Simse und Randfelder werden mit bunten Streifen versehen.
Der Arbeitsablauf ist wie bei der Furniermalerei, nur, daß wir hier nicht mit Lasurfarben, sondern mit deckenden unverdünnten Farben arbeiten. Indem wir gleichzeitig 2 oder 3 verschiedene Farben an den Flachpinsel nehmen, vermischen sie sich während des Streifenziehens.
Man kann aber auch erst mit einer Farbe grundieren. Nachdem diese trocken ist, wird der gleiche Farbton nochmals aufgestrichen. In die nasse Farbe ziehen wir sofort mit dem Borstenpinsel eine unverdünnte Kontrastfarbe ein. Der Pinsel wird nun nach jedem Strich ½ cm versetzt, dadurch entsteht ein immer heller werdendes Streifenmuster. Auf einem Lappen streifen wir den Pinsel ab und verfahren beim nächsten Strich gleichermaßen. Die Streifen können gerade, wellenförmig und schräg angelegt werden.
Man kann die Farbe kurz einziehen lassen und dann mit einem trockenen Pinsel leicht die Streifen in Längsrichtung verstreichen. Die Streifen werden so etwas ausgefranst und verschwommen. Der Kontrast wirkt dadurch nicht so stark und das Muster ist harmonischer.

Stupfen

Dafür brauchen wir einen Schablonierpinsel. Oft reicht auch ein einfacher Ringpinsel aus. Es gibt zwei Gestaltungsarten. Man trägt eine helle Grundierungsfarbe auf, läßt die trocknen und stupft dann mit dem Schablonierpinsel dunkle Farbe auf.
Die andere Möglichkeit ist, die Grundierungsfarbe trocknen zu lassen und dann den gleichen Farbton nochmals aufstreichen und sofort in die nasse Farbe dunkle Kontrastfarbkleckse mit dem Pinsel aufsetzen. Die Farbkleckse müssen sofort mit dem Schablonierpinsel verteilt werden. Zügig wird von innen nach außen gestupft. Die Technik ist einfach durchzuführen, da sich die nassen Farben gut vermischen. Bitte achten Sie dabei auf weiche Übergänge. In die noch nasse Ockerfarbe braune Linien oder Punkte einsetzen. Mit dem Schablonierpinsel von innen nach außen, immer im Kreis tupfend, die braune Farbe mehr und mehr mit der Ockerfarbe vermischen. Auch hier auf weichen Übergang achten.

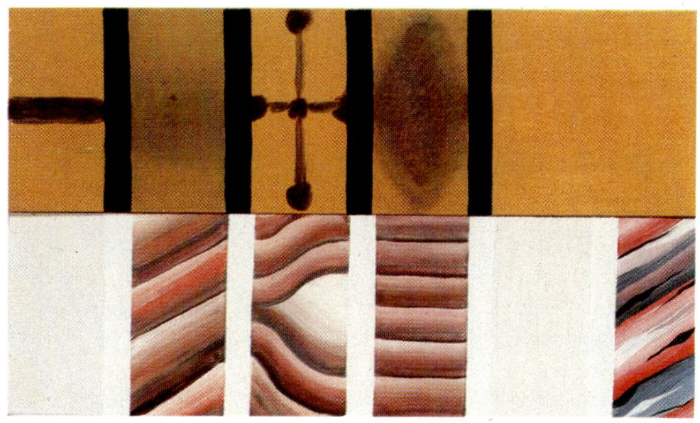

Verschiedene Streifentechniken

Die Technik gelingt nur, solange die Farben naß in naß verarbeitet werden.
Der trockene weiße Grund wird leicht angefeuchtet. Sofort mit deckender brauner Farbe einen Strich ziehen (Borstenpinsel verwenden). Zusätzlich Rot und etwas Ocker an den Pinsel nehmen und etwas versetzt nach unten die Farbe auftragen.
Den Pinsel am Lappen abstreifen, aber so, daß noch ein wenig alte Farbe bestehen bleibt. Nun tauchen wir in Weiß und streichen nochmals versetzt nach unten. So entsteht ein immer heller werdendes Streifenmuster.
Streifen können außerdem schräg oder wellenförmig gezogen werden.
Zusätzlich hat man die Möglichkeit, noch schwarze und weiße unregelmäßige Striche einzusetzen.
Streifen mit dem Borstenpinsel ziehen.

Spachtelmalerei

Die vorgrundierte Malfläche wird mit unverdünnter, pastoser Farbe (Spachtelfarbe) grundiert.
Mit einem Flachpinsel (Borsten) trägt man willkürlich Strich an Strich die Farbe auf. Es muß sich dabei eine grobe, unregelmäßige Struktur ergeben. Auch mit der Spachtel kann die Farbe aufgetragen werden.
Beim Patinieren setzt sich die Patina in die Rillen und bleibt beim Abwischen mit dem Lappen in den Vertiefungen stehen. Nach dem Trocknen können wir die Wirkung noch steigern, indem wir leicht mit der Stahlwolle die bemalte Fläche schleifen. Diese Technik eignet sich besonders bei Türfüllungen.

Material:	Spachtelfarbe	Patina
	Borstenflachpinsel	Lappen
	oder Spachtel	Stahlwolle

Fränkische Truhe (Mitte 1900)
Grundierung Kasslerbraun mit Kammstrich versehen. Die zwei weißen Felder mit braun aufgemalten Füllungen und einfach gestalteten Tulpen sind mit weißen lasierenden Konturen umgeben. Mit vierfachen Tulpenformen sind die graublauen Deckelfüllungen bemalt. Zwischen den Füllungsprofilen und den weißen Linien treten dunkelgrüne Blätterranken hervor, die man leider auf der Abbildung nicht erkennen kann. Die maserierten Seitenteile erhöhen den dekorativen Gesamteindruck.

Motiv-Entwurf

Spontane und nicht vorgezeichnete Malerei setzt großes Können und viel Malpraxis voraus. Bei Gegenständen wie Schränken, Truhen, Kommoden usw. muß selbst der erfahrene Bauernmaler eine klare Motiv-Vorstellung haben. Ein exakter Entwurf ist meist nicht wegzudenken. Dazu besorgt man sich eine Rolle Transparentpapier (Butterbrotpapier). Dies hat den Vorteil, daß die Konturen des Werkstücks unter dem Papier sichtbar bleiben. Beim Entwerfen beschränken wir uns erst einmal auf eine Türfüllung. Wichtig ist, daß wir den Entwurf gleich in Originalgröße anlegen. Das Transparentpapier wird auf die zu gestaltende Türfüllung gelegt und die Umrißlinien mit dem Bleistift nachgezogen. Wir schneiden diese Fläche mit der Schere aus und haben somit die meistens quadratische oder rechteckige Form in Papier. Zur Erleichterung wird das Papier in vier Teile gefaltet. Die dabei entstehenden Faltlinien sind ausgezeichnete Hilfslinien für den Motiv-Entwurf. Nun kann mit dem Entwerfen des Motivs begonnen werden. Dabei ist aber zu beachten, daß das ausgewählte Motiv stilistisch zu dem Möbelstück paßt. Es gibt klar festgelegte Zeitepochen. Man sollte nicht naturalistische Barockmalerei mit geometrischer Blankholz-Malerei vermischen. Bevor man auf das Transparentpapier zeichnet, sollte man einen Rohentwurf auf einem Stück Papier anfertigen. Wir können dann das Transparentpapier darüberlegen und erst die Blumen richtig in die Grundfläche einpassen.
Sind die Abstände zwischen den einzelnen Blumen befriedigend, dann können die Blätter und Ranken eingezeichnet werden.
Knöpfe, Beschläge, Griffe usw. müssen beim Entwurf berücksichtigt werden.

Entwurf für die Schablonenmalerei

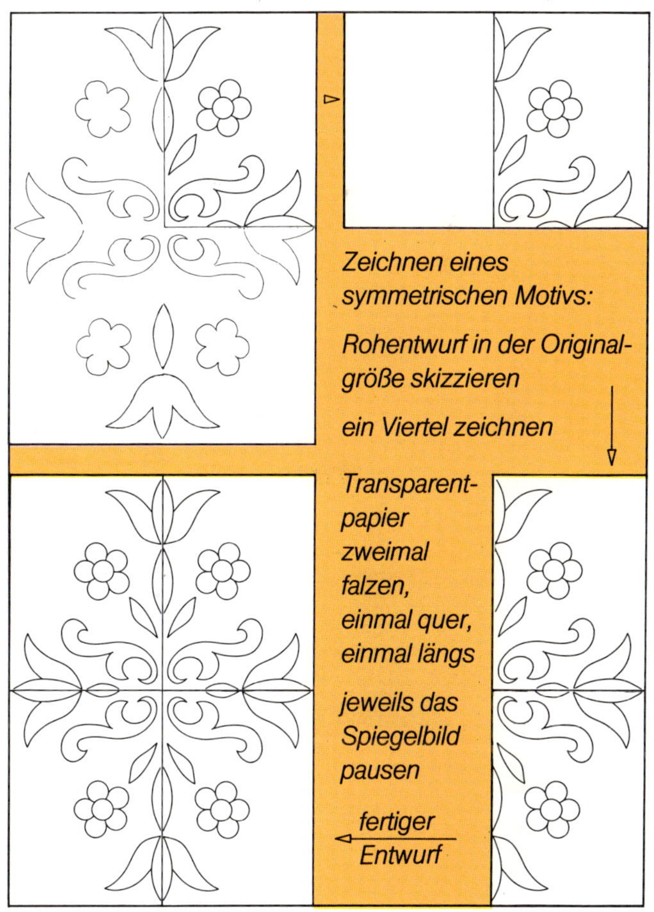

Motivübertragung auf die Malfläche

Es gibt zwei Möglichkeiten:

1. Das Transparentpapier umdrehen und die Rückseite mit Zeichenkohle einstreichen. Die eingestrichene Seite auf die Malfläche legen, mit Klebeband befestigen und die Linien des Motivs nachziehen.

2. Die einfachere und sauberere Übertragungsart ist, wenn Sie sich ein weißes oder gelbes Kreidepapier beschaffen und es unter das Transparentpapier legen. Auch hier befestigen wir das Papier und ziehen die Motiv-Konturen mit dem Bleistift nach. Sollte man sich einmal verzeichnet haben, kann man leicht die weißen Linien mit Wasser wieder entfernen. Außerdem lösen sich beim Patinieren noch stehengebliebene Kreidekonturen auf.

Pinselführung

Ein unsicherer und uneinheitlicher Pinselvortrag wirkt auf den Beschauer als nicht gekonnte Arbeit.
Man bedeckt die Haare mit Farbe und setzt den Pinsel mit leichtem Druck auf. Die Haare gehen etwas auseinander und geben eine runde kräftige Farbspur. Soll ein Strich fein auslaufen, ist der Druck allmählich zu vermindern, bis sich die Haare zu einer Spitze schließen und der Pinsel aufgerichtet ist. Für die hauchdünn beginnenden Linien wird der Pinsel steil gehalten und die Haarspitze fein aufgesetzt. Mit zunehmendem Druck kann die Linie wieder verstärkt werden. Voraussetzung bei der Pinselführung ist, daß vor der Farbaufnahme der Pinsel trocken und sauber ist. Am besten man übt solange, bis die Hand spitze und runde Schnörkel zieht.

1) Pinsel steil halten, Spitze ganz fein ansetzen.
2) Den Pinsel nach unten drücken, so daß die Haare auseinandergehen.
3) Allmählich aufrichten, so daß sich die Haare zur Spitze schließen, fein auslaufen lassen.

Speziell bei senkrecht zu bemalenden Flächen erleichtert ein Malstock die Pinselführung. Für gerade Linien ist die Malschiene gut geeignet.

Ein sicherer Pinselstrich:

eine Hand auf die andere stützen;

kleinen Finger aufstützen;

Malstock verwenden

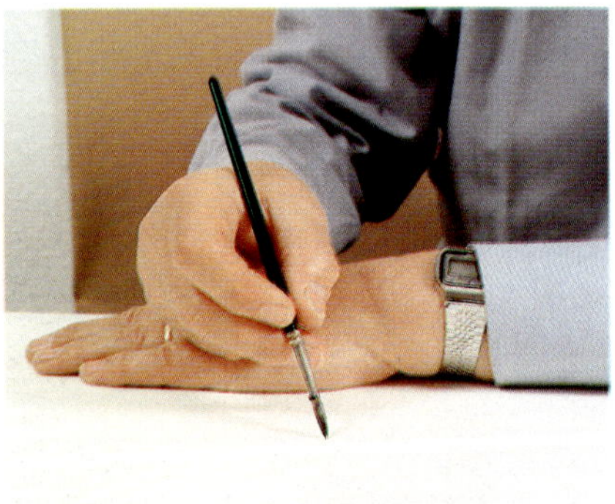

Pinsel steil – Spitze ganz fein ansetzen

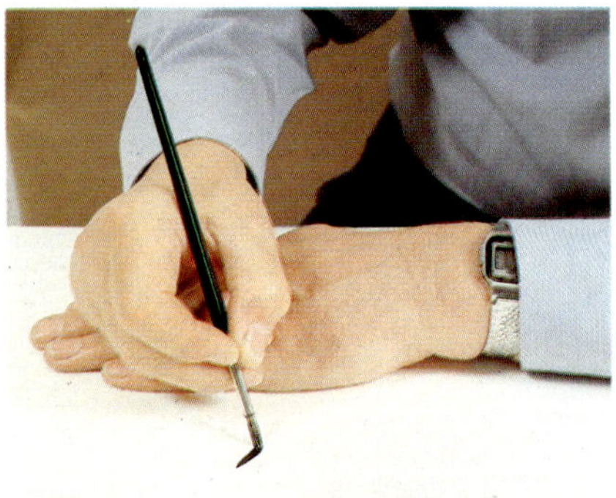

Pinsel nach unten drücken, so daß die Haare breit auseinandergehen

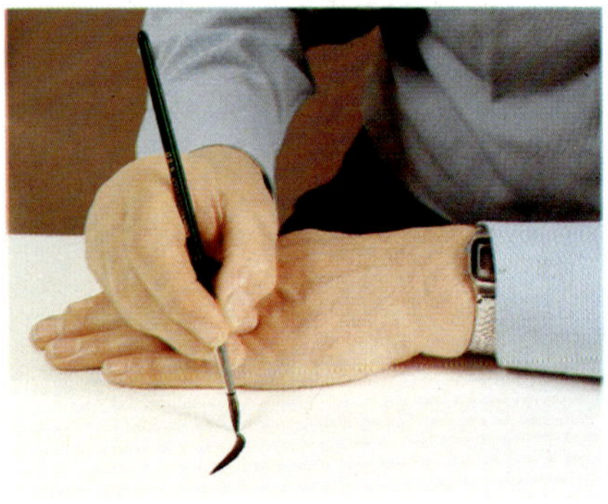

allmählich aufrichten, damit sich die Haare wieder zur Spitze schließen können.

So sollte man die Pinsel aufbewahren: in einem Gefäß stehend, die Haare nach oben.

Pinsel nicht ins Wasserglas stellen – eine Wäscheklammer hält den Pinsel und verhindert, daß die Haare gestaucht werden.

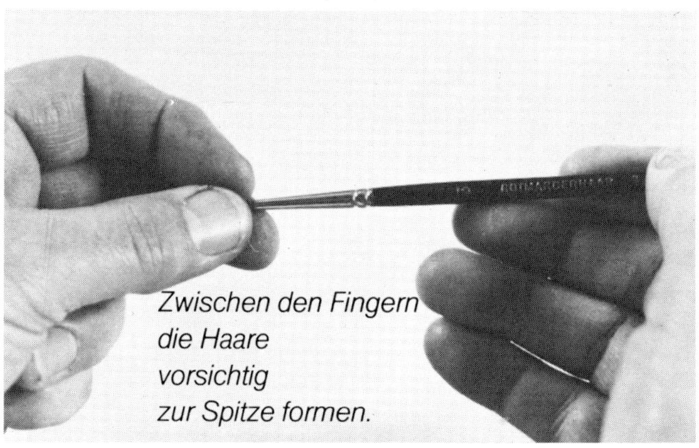

Zwischen den Fingern die Haare vorsichtig zur Spitze formen.

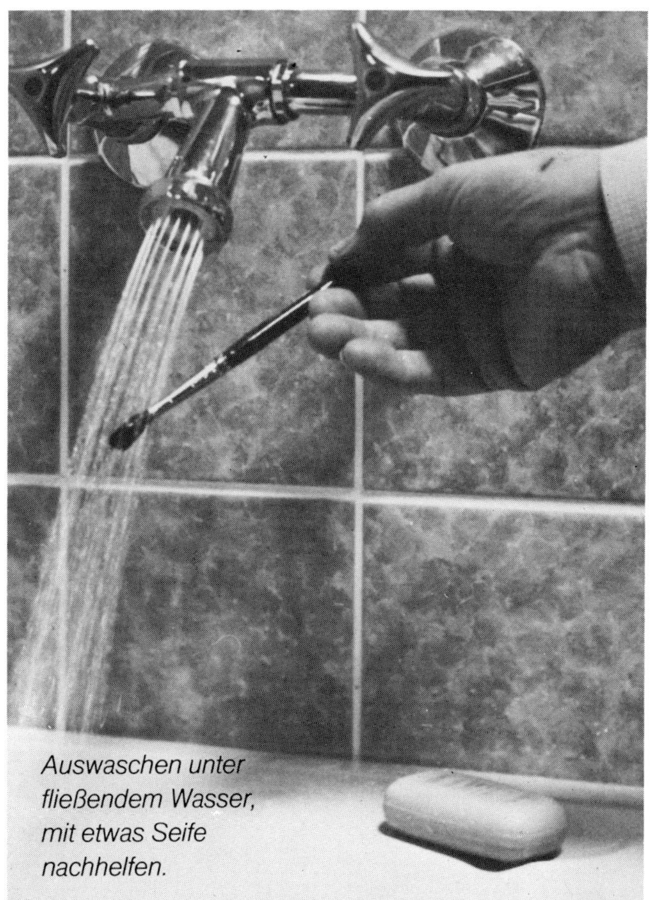

Auswaschen unter fließendem Wasser, mit etwas Seife nachhelfen.

Pinselpflege

Während des Malens den Pinsel oft auswaschen, abtrocknen und mit den Fingern zur Spitze formen. Darauf achten, daß der Pinsel beim Auswaschen nicht mit der Haarspitze auf den Boden des Wasserbehälters gestaucht wird. Die Haare werden krumm und fallen aus. Nach dem Malen den Pinsel gründlich unter fließendem Wasser reinigen. Beim Aufbewahren den Pinsel nicht im Malwasser stehenlassen, sondern mit den Haaren oder Borsten nach oben in ein Glas stellen.

Die Möbelbemalung der Spätgotik *(Ende 16. Jahrhundert)*
der Renaissance *(Mitte bis Ende 17. Jahrhundert)*

Ende des 16. Jahrhunderts hat man begonnen, die Motive der Intarsienmöbel mit Hilfe von Schablonen nachzuahmen. Zum größten Teil dienten auch die Flach- und Kerbschnitzereien der Spätgotik als Motivvorlagen. Vorerst begnügte man sich mit schwarzer und roter Farbe auf Blankholz. Um diese meist geometrischen Motive zu gestalten, verwendete man oft Zirkel und Maßstab. Flächenbelebungen wie Kleistermalerei, (Kamm- und Furniertechnik) waren nicht selten.

Mitte des 17. Jahrhunderts ging man dann dazu über, freihändig das prächtige Zierwerk der Renaissance zu malen. Während dieser Zeit nahm die Tulpe und Nelke eine beherrschende Stellung in der volkstümlichen Zierkunst ein. Rosetten entwickelten sich aus aufgeteilten Kreisflächen in allen Variationen.
Eine völlige Grundierung der Möbel setzte Ende des 17. Jahrhunderts ein, wobei die Blankholzmalerei daneben noch lange Zeit ausgeübt wurde.
Die Entwicklung mag in den einzelnen Landstrichen verschieden sein, jedoch hat sich überall in der zweiten Hälfte des 18. Jahrhunderts die deckende Möbelmalerei als eine eigenständige Volkskunst durchgesetzt.

Durch die sehr lasierende und flach aufgetragene Farbe bei der „Blankholzmalerei" entstanden besondere Reize, die mit keiner deckenden Malerei erreicht werden konnten.

Schablonenmalerei

Mit Schablonen wurden die für den Mittelstand nicht erschwinglichen Intarsienmöbel nachgeahmt. Die Motive für die Schablonen holte man sich von den Ornamenten der Flach- und Kerbschnitzerei und von den Einlegearbeiten. Mit diesen Schablonen übertrug man auf das blanke Holz mit schwarzer oder roter Farbe die Motive. Zimmerdecken und Möbel konnten sehr schnell und auf einfache Art verziert werden. Oft stupften Malerlehrlinge tagelang die Motive auf. Diese Technik, durch die mehr oder weniger Massenware produziert wurde, konnte bereits nach kurzer Zeit von der freihändig ausgeführten, farbenfrohen Renaissancemalerei abgelöst werden.

Arbeitsvorgang

Das Blankholz läßt man mit Nitro-Hartgrund oder Kunstharzbinder ein.

Die Schablone befestigt man mit einem Klebeband oder mit Stecknadeln auf der Holzoberfläche. Mit dem Schablonierpinsel werden die herausgeschnittenen Flächen mit Farbe ausgestupft. Bitte beachten Sie dabei, daß der Pinsel steil gehalten wird und nur wenig Farbe am Pinsel ist. Halten Sie ein Stück Papier bereit, damit man immer wieder einmal abtupfen kann. Die Farbe darf nicht sehr mit Wasser verdünnt sein, sonst läuft sie unter die Schablone. Das gleiche tritt ein, wenn Sie zuviel Farbe am Pinsel haben – unmittelbar an den Rändern sollte man mit dem Stupfen beginnen.

Das schablonierte Motiv läßt sich noch mit aufgemalten Konturen und Lichtern beleben und ausschmücken.

Es gibt zwei Möglichkeiten des Schablonierens

Positiv:

Das Motiv wird ausgeschnitten, die freien Felder werden mit dem Schablonierpinsel ausgestupft.

Negativ:

Die Zwischenräume rund um das Motiv werden herausgeschnitten, wobei man schmale Stege stehenlassen muß, damit das Motiv verbunden bleibt. Dann erst werden die Zwischenräume mit Farbe ausgefüllt.

Ablauf Schablonenmalerei

1. Vorlage (Transparentpapier) auf Packpapier auflegen und mit dem Bleistift durchzeichnen. Vor dem Wegnehmen kontrollieren, ob nichts vergessen wurde. Anschließend die Teile, die herausgeschnitten werden sollen, schraffieren.
2. Schraffierte Teile mit einem Schablonenmesser herausschneiden.
3. Schablone beidseitig mit Hartgrund einlassen, sie wird dadurch stabiler und hält länger. Die Schablone auf die vorgrundierte Holzfläche legen, mit Klebeband und Stecknadeln befestigen und mit brauner Farbe ausstupfen. Pinsel dabei steil halten.

Material:

Packpapier	Kartonunterlage zum Schneiden
Schablonierpinsel	Zeitungspapier zum Abtupfen
Schablonenmesser	Stecknadeln oder Klebeband
spitze Schere	zum Befestigen der Schablone

Türfüllungen, Randverzierungen und Gitterornamente (17. Jahrhundert)

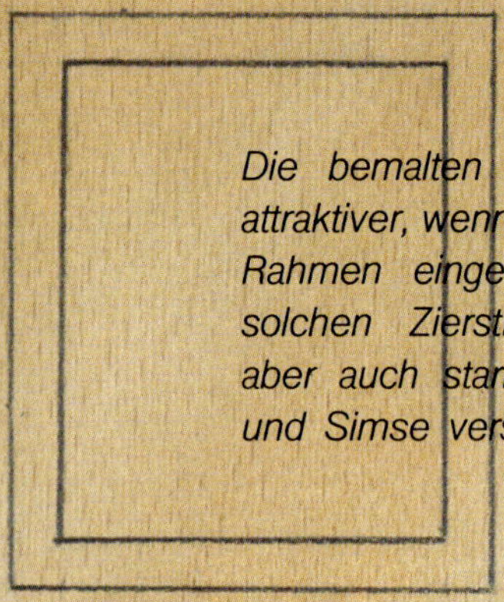

Die bemalten Felder wirken attraktiver, wenn sie von einem Rahmen eingefaßt sind. Mit solchen Zierstreifen können aber auch starke Profilleisten und Simse versehen werden.

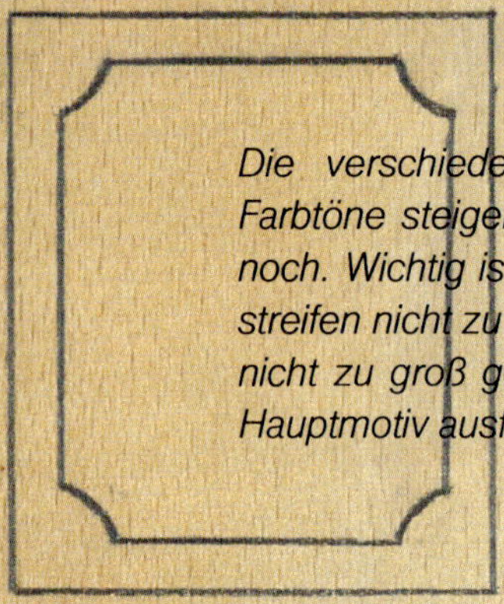

Die verschieden lasierenden Farbtöne steigern die Wirkung noch. Wichtig ist, daß die Zierstreifen nicht zu klein und auch nicht zu groß gegenüber dem Hauptmotiv ausfallen.

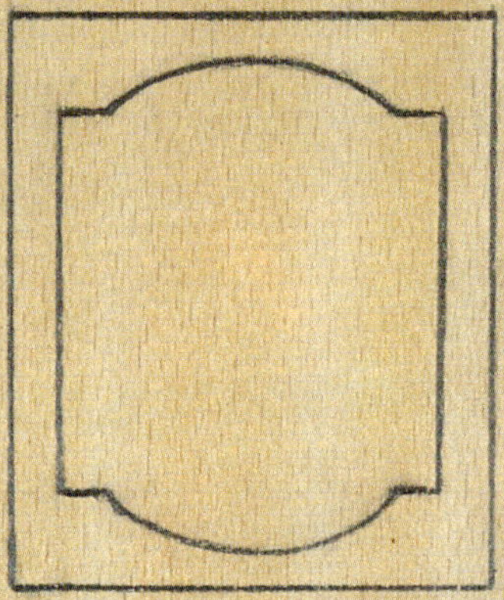

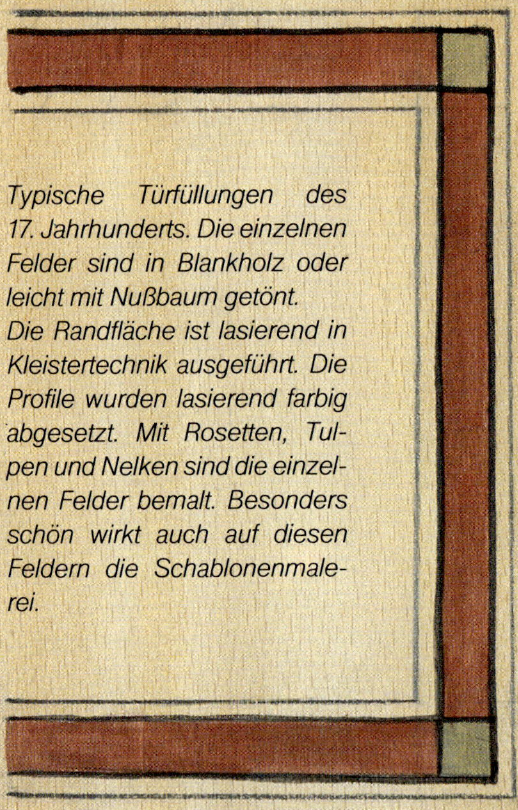

Typische Türfüllungen des 17. Jahrhunderts. Die einzelnen Felder sind in Blankholz oder leicht mit Nußbaum getönt.
Die Randfläche ist lasierend in Kleistertechnik ausgeführt. Die Profile wurden lasierend farbig abgesetzt. Mit Rosetten, Tulpen und Nelken sind die einzelnen Felder bemalt. Besonders schön wirkt auch auf diesen Feldern die Schablonenmalerei.

Gitterornamente, diese gekreuzten Diagonallinien wirken gut und teilen eine Fläche auf. Man hat die Möglichkeiten, durch eine Begleitlinie und einen Stern die Rautenform klarer erscheinen zu lassen. Die Farbe trägt dazu noch bei. Eine weitere Variante des Gitterornaments sind Bogenlinien.

Flechtornamente sind eine Abwandlung der Gitterornamente und betonen auch die Rautenform.

Flach- und Lasurmaltechnik (Blankholzmalerei)

Die geometrischen Ornamente, Rosetten, Blumen und Ranken wurden mit sehr stark verdünnter Farbe ausgemalt, damit die Holzstruktur durchscheinen konnte. Sehr sparsam und flach trug man die Farbe auf. Das Blankholz nahm immer noch die beherrschende Stellung bei der Gesamtgestaltung ein. Wenn Sie nun mit dieser Maltechnik beginnen, sollten Sie eines beachten: nie das ganze Glas Farbe mit Wasser verdünnen, wenn man nur wenig braucht. Die gewünschte Menge gibt man auf eine Mischpalette und rührt mit Wasser an. Die Farbe wird aufgetragen und nach dem Trocknen werden die Schatten aufgesetzt. Der Grundton sollte durch die Schattentöne durchscheinen. Zum Schluß werden die Lichter mit verdünntem Weiß gemalt.

Einfaches Renaissance-Motiv

Arbeitsvorgang wie bei den anderen Flächenbelebungstafeln. Die Äpfel, Birnen und Weintrauben in der Vase, umrahmt von braunen Lasurfarben, ergeben ein besonders effektvolles Motiv. An diesem Beispiel sieht man die Gestaltungsmöglichkeiten dieser Rand- und Zierstreifen.

Rosetten und Blumen auf Blankholz

Aus dem Kreis entstehen Rosetten in allen Variationen, Tulpen und Nelken. Die Linieneinteilung verhilft den Blumen zu einem gleichmäßigeren und harmonischeren Aussehen. Mit einem Bleistift zeichnet man die Blumen vor. Die Motivflächen werden zügig mit stark verdünnter Farbe lasierend aufgetragen, wobei man die mit Bleistift vorgezeichneten Linien ausspart. Anschließend werden die Konturen mit schwarzbrauner Farbe gemalt. Zum Schluß setzt man Schatten und Lichter ein. Bei Flächen Rotmarder Gr. 4 und bei Konturen Rotmarder Gr. 3 verwenden.

Arbeitsfolge
(Beispiel erste Blume Seite 41)

1) Die Linieneinteilung ist wichtig, damit die Blumen gleichmäßig wirken.
2) Den Kreis mit Orange (1 Teil Rot, 1 Teil Grün und Ocker) ausmalen. Bleistiftkonturen dabei aussparen. Die vier äußeren Blätter mit Rotbraun (1 Teil Rot, 1 Teil Grün) ausfüllen. Pinsel auswaschen und den ersten Farbanstrich trocknen lassen.
3) Schwarzbraune Konturen (3 Teile Schwarz, 1 Teil Rot) stark verdünnt aufmalen. Nur die Pinselspitze mit Farbe füllen.
4) Zum Schluß Lichter mit wasserverdünntem Weiß einsetzen. Bei Details grundsätzlich nur die Pinselspitze mit Farbe füllen.

In dieser Reihenfolge und Technik werden alle weiteren Blumen, Ranken und Ornamente (Lasurmalerei) gemalt.

Flächen Orange (1 Teil Rot, 1 Teil Grün und Ocker)
Rotbraun (1 Teil Rot, 1 Teil Grün)

Konturen Schwarzbraun (3 Teile Schwarz, 1 Teil Rot)
Lichter Weiß

Flächen Blau (3 Teile Blau, 1 Teil Ocker, etwas Weiß)
Rotbraun (1 Teil Rot, 1 Teil Grün)

Konturen Schwarzbraun (3 Teile Schwarz, 1 Teil Rot)
Lichter Weiß (1 Teil Weiß, minimal Ocker)

Flächen Rot (2 Teile Ocker, 1 Teil Rot)
Rotbraun (1 Teil Rot, 1 Teil Grün)
Weiß (1 Teil Weiß, minimal Ocker)

Konturen Schwarzbraun (3 Teile Schwarz, 1 Teil Rot)
Lichter Weiß (reines Weiß)

Flächen Grün (3 Teile Grün, 1 Teil Ocker)
Hellgrün (gleiche Mischung wie Grün, mit Weiß aufgehellt)
Konturen Schwarzbraun Lichter Rotbraun

Flächen Rot (2 Teile Ocker, 1 Teil Rot)
Rotbraun (1 Teil Rot, 1 Teil Grün)
Weiß (1 Teil Weiß, minimal Ocker)
Konturen Schwarzbraun Lichter Weiß

Flächen Weiß (reines Weiß)
Schwarzbraun (3 Teile Schwarz, 1 Teil Rot)
Konturen Schwarzbraun (3 Teile Schwarz, 1 Teil Rot)
Lichter Ocker (reines Ocker)
Helles Ocker (1 Teil Weiß, 1 Teil Ocker)

Flächen Rotbraun (1 Teil Rot, 1 Teil Grün)
Konturen Schwarzbraun (3 Teile Schwarz, 1 Teil Rot)
Lichter Weiß (reines Weiß)

Flächen Blau (3 Teile Blau, 1 Teil Ocker, etwas Weiß)
Konturen Schwarzbraun (3 Teile Schwarz, 1 Teil Rot)
Lichter Weiß (reines Weiß)

Flächen Weiß (reines Weiß)
Rotbraun (1 Teil Rot, 1 Teil Grün)
Konturen Schwarzbraun (wie oben)
helle Konturen Schwarzbraun (mit Weiß aufgehellt)

Flächen Weiß (reines Weiß)
Ocker (reines Ocker)
Konturen Ocker (mit Weiß aufgehellt)

Tafel III Tulpen

Flächen Rotbraun (1 Teil Rot, 1 Teil Grün)

Konturen Schwarzbraun (3 Teile Schwarz, 1 Teil Rot)
Lichter Weiß (1 Teil Weiß, ein wenig Ocker)

Flächen Rotbraun (1 Teil Rot, 1 Teil Grün)
Blau (3 Teile Blau, 1 Teil Ocker, etwas Weiß)

Konturen Schwarzbraun (3 Teile Schwarz, 1 Teil Rot)
Lichter Weiß (1 Teil Weiß, ein wenig Ocker)

Flächen Rot (2 Teile Ocker, 1 Teil Rot)
Weiß (1 Teil Weiß, etwas Ocker)

Konturen Schwarzbraun (3 Teile Schwarz, 1 Teil Rot)
Lichter (1 Teil Weiß, minimal Ocker)

Flächen Grün (3 Teile Grün, 1 Teil Ocker)
Hellgrün (Grün mit Weiß aufgehellt)
Konturen Schwarzbraun (wie oben)
Lichter Weiß (reines Weiß)

Flächen Rotbraun (1 Teil Rot, 1 Teil Grün)
Blau (3 Teile Blau, 1 Teil Ocker, etwas Weiß)
Konturen Schwarzbraun Lichter Weiß

Tafel IV Nelken

Flächen *Rotbraun (1 Teil Rot, 1 Teil Grün)*
Grün (3 Teile Grün, 1 Teil Ocker)

Konturen *Schwarzbraun (3 Teile Schwarz, 1 Teil Rot)*
Lichter *Weiß (reines Weiß)*

Flächen *Rotbraun (1 Teil Rot, 1 Teil Grün)*
Blau (3 Teile Blau, 1 Teil Ocker, etwas Weiß)

Konturen *Schwarzbraun (3 Teile Schwarz, 1 Teil Rot)*
Lichter *Weiß (reines Weiß)*

Flächen *Rot (2 Teile Ocker, 1 Teil Rot)*
Grün (3 Teile Grün, 1 Teil Ocker)

Konturen *Schwarzbraun (3 Teile Schwarz, 1 Teil Rot)*
Lichter *Weiß (reines Weiß)*

Flächen *Grün (3 Teile Grün, 1 Teil Ocker)*
Rot (2 Teile Ocker, 1 Teil Rot)
Rotbraun (1 Teil Rot, 1 Teil Grün)
Konturen *Schwarzbraun* *Lichter* *Weiß*

Flächen *Weiß (1 Teil Weiß, etwas Ocker)*
Grün (3 Teile Grün, 1 Teil Ocker)
Konturen *Rot (2 Teile Ocker, 1 Teil Rot)*
Lichter *Weiß (reines Weiß)*

Tafel V Früchte

Flächen Rot (1 Teil Rot, 1 Teil Ocker, wenig Grün)

Konturen Schwarzbraun (2 Teile Schwarz, 1 Teil Rot)
Lichter Weiß (reines Weiß)

Flächen Ocker und eine Spitze Rot

Konturen Schwarzbraun (2 Teile Schwarz, 1 Teil Rot)
Lichter Weiß (reines Weiß)

Flächen Blau und eine Spitze Rot

Konturen Schwarzbraun (2 Teile Schwarz, 1 Teil Rot)
Lichter Weiß (reines Weiß)

Flächen Braun (2 Teile Rot, 1 Teil Schwarz, 1 Teil Ocker)
Blätter Grün (1 Teil Grün, 1 Teil Ocker)
Konturen Schwarzbraun Lichter Weiß

Flächen Blau und etwas Rot
Ocker und eine Spitze Rot
Konturen Schwarzbraun (2 Teile Schwarz, 1 Teil Rot)
Lichter Weiß (reines Weiß)

Flächen	*Grün (3 Teile Grün, 1 Teil Ocker)*
Konturen	*Schwarzbraun (3 Teile Schwarz, 1 Teil Rot)*
Lichter	*Weiß (reines Weiß)*

Man hat die Möglichkeit, die Blätter mit Weiß oder Ocker aufzuhellen oder mit Schwarz dunkler zu gestalten.

Gute Blattformen lassen sich nur durch in einem Zug gezogene Striche erzielen. Wichtig ist vor allem das schwungvolle Anfügen der Blattformen an den Stengel. Kritzeln ist fehl am Platz.

Die einzelnen Blumen und Blätter werden auf einfache Art zu einem hübschen Motiv verbunden.

Flächen Rotbraun (2 Teile Rot, 1 Teil Grün)

Konturen Schwarzbraun (3 Teile Schwarz, 1 Teil Rot)
Lichter Weiß (reines Weiß)

Flächen reines Ocker

Konturen Rot (1 Teil Rot, 1 Teil Ocker)

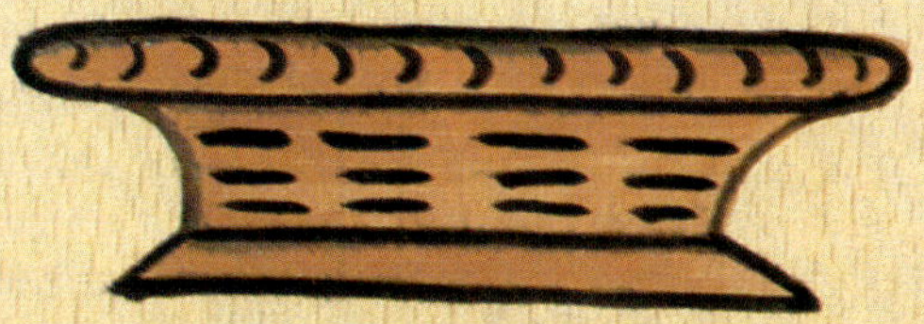

Flächen Ocker (2 Teile Ocker, 1 Teil Rot, ein wenig Grün)

Konturen Schwarzbraun (3 Teile Schwarz, 1 Teil Rot)

Flächen Rot (2 Teile Rot, 1 Teil Grün, 1 Teil Ocker)

Konturen Schwarzbraun (3 Teile Schwarz, 1 Teil Rot)
Lichter Weiß und eine Spitze Ocker

Blankholzmalerei in Tirol

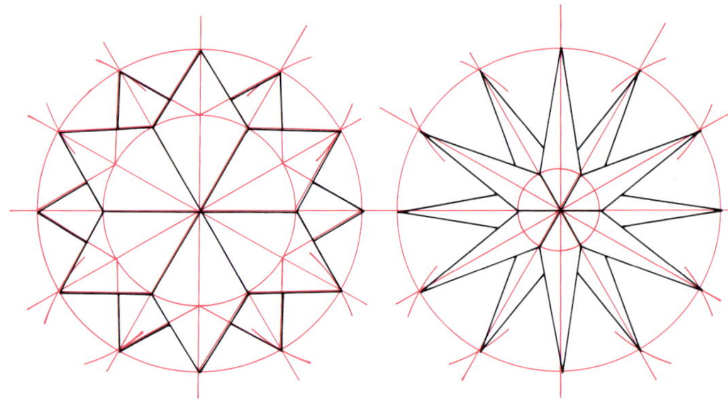

Konstruktion der Sterne: Durch den Mittelpunkt eines Kreises eine Senkrechte und eine Waagrechte ziehen. Um die vier Schnittpunkte mit dem Radius des Kreises Halbkreise schlagen. Die entstehenden Schnittpunkte durch die Kreismitte verbinden. Einen kleinen Kreis um den Mittelpunkt schlagen (je kleiner dieser Kreis, desto länger die Strahlen). Die entsprechenden Schnittpunkte miteinander verbinden.

In verschiedenen Tälern Tirols haben sich zu unterschiedlichen Zeiten Lokalstile herausgebildet. Sie weisen mehrere Entwicklungsphasen auf. Das Blankholz bleibt lange als Träger der Motive bestehen. Besonders bei den Alpbachtaler Möbeln, wobei bei dieser Malerei sogar drei Stilstufen sichtbar werden.

Die erste Phase reicht vom 17. Jahrhundert bis Anfang des 18. Jahrhunderts. Herzförmig gruppierte Voluten, Blätter und Blüten, abgeleitet von der Intarsienzeit, sind die Motive. Die Farben sind Schwarz und Rot.

Selbst in der zweiten Phase scheint das Blankholz durch die braunen Lasuren durch. Außer Truhen finden sich nun auch ein- und zweitürige Schränke, Betten und Wandkästen als Farbträger. Neben Blumen werden Tiere aus der einheimischen Tierwelt wie Hirsche, Gemsen, Steinböcke, Rehe und Vögel gemalt. Aber auch Fabelwesen wie Einhörner und Löwen treten in Erscheinung. Die Farbskala ist um Grün bereichert. Zum Teil sind einzelne Flächen mit Kammstrichen behandelt.

Die dritte Phase beginnt Mitte des 18. Jahrhunderts. Das Pflanzenwerk ist üppiger geworden. Es kommen Blautöne noch zu den üblichen Farben hinzu. Die geometrischen Rosetten und Blüten sind mit Trauben bereichert. Obwohl die Rokokozeit in den anderen Tälern Tirols längst ihren Einzug gefunden hat, ist das Alpbachtal davon unbeeinflußt geblieben. Im Zillertal wurden die Schränke mit blau- und blaugrüner Farbe deckend grundiert. Gemalt wurden bunte kraftvolle Blumensträuße in Vasen, Trauben und Vögel. Weiße Rocaillen umschließen die Türfelder.

Im letzten Kapitel, Seite 70, wird die derzeitige Tiroler Malerei dargestellt. Regelrechte Malerwerkstätten und zum Teil Heimarbeiter produzieren für die Städte in allen Ländern kleine Gebrauchs- und Dekorationsgegenstäde. Ganze Zimmer werden in Tirol bemalt und von den Möbelhändlern, speziell in Süddeutschland, angeboten. Die meisten Gegenstände sind mit roter Farbe grundiert, die Motive naß in naß gemalt und mit sehr viel Patina versehen.

Motive Alpbachtal, Tirol (um 1790)

Alpbacher Malerei 1770

Grundierung: Blankholz leicht bräunlich getönt.

Die Rosetten und Blumen sind, wie auf den vorhergehenden Schautafeln gezeigt, alle aus dem Kreis entstanden und mit dem Bleistift vorgezeichnet.

Die Farben sind lasierend aufgetragen und beschränken sich auf Rot, Schwarz, Weiß und Grün.

Rot (2 Teile Gelb, 1 Teil Rot)
Schwarz (rein) Weiß (rein)
Grün (2 Teile Schwarz, 1 Teil Grün, etwas Blau)

Zunächst malt man die roten und grünen Flächen lasierend (Farbe stark mit Wasser verdünnt) aus. Anschließend werden die schwarzen Konturen und dann die weißen Lichter aufgetragen.

Bei den Vasen und Tieren verwendet man die gleichen Farben und vermalt sie in der gleichen Reihenfolge. Bandelwerk, Zierstreifen und Kammstriche rahmen die Motive ein.

Motive Alpbachtal, Tirol (um 1790)

Möbelbemalung

Barock *(Ende 17. bis Mitte 18. Jahrhundert)*

Noch beeinflußt von der Renaissance wurde am Anfang zum Teil auf Blankholz gemalt. Mitte des 18. Jahrhunderts setzte sich dann endgültig die deckende Malerei durch. Die Grundfarbe Grün war während dieser Zeit vorherrschend. Spiralen, Schweifungen und üppige Blumensträuße in schwungvollen Vasen waren typisch.

Rokoko *(Ende 18. Jahrhundert)*

Während dieser Zeit bevorzugte man helle Farbtöne. Als Grundierfarbe wurde jetzt vorwiegend Blau verwendet (von mittlerem bis milchigem Blau). Charakteristisch sind die muschelförmigen Ornamente (Rokoko = Rocaille = Muschel).

Zierliche und verspielte Motive der Rokokozeit lösten die schwungvollen Barockornamente ab. Der starke Hell- und Dunkelkontrast läßt die Ornamente besonders plastisch wirken. Marmorierte Sims-, Rahmen- und Fußleisten belebten zusätzlich die verspielte Rocaillenmalerei. Auch die Streifentechnik wurde zu dieser Zeit angewandt.

Alpenländische Möbelmalerei

Tirol, Schweiz, Oberbayern und Österreich.

Die bemalten Möbel treten erst im 17. Jahrhundert während der Renaissance richtig in Erscheinung und erreichen ihren Höhepunkt im 18. und Anfang des 19. Jahrhunderts. Die Malerei wird nicht überall gleichmäßig aufgenommen. Besonders gepflegt wird die Möbelmalerei am Alpenrand und im Voralpenland. Die folgenden Bildtafeln lassen die Vielfalt der barocken und rokokoartigen Möbelmalerei im alpenländischen Raum erkennen.

Schweiz

Ein sehr kleines Land, das über außergewöhnlich vielfältige Bauernmalerei verfügt; speziell in der zweiten Hälfte des 18. Jahrhunderts.

Die Malerei reicht von der Spätgotik (Blankholz- und Schablonenmalerei) über die Renaissance, bis hin zur Barock- und Rokokomalerei und klingt dann Anfang des 19. Jahrhunderts mit Biedermeier aus.

Auf den nächsten Seiten sollen Ihnen die Motive und Farben der Nordostschweiz, d.h. Toggenburg und Appenzell vermittelt werden. Ein kühles deckendes Blau bildet die Grundierung der Möbel.

Die Rocaillen umrahmen Rosen, Tulpen, Nelken und Sternblumen. In Appenzell werden volkstümliche Umweltszenen wie Landschaften, Jahreszeiten, Almszenen und Trachten bildlich festgehalten. Wobei diese Landschaftsmalerei speziell Anfang des 19. Jahrhunderts in Kraft tritt, aber immer noch Rokoko-Rocaillen zur Ausschmückung gemalt werden. Erst ca. 1830 setzt sich Biedermeier mit der einfachen Bandschleife und dem Rosenstrauß durch.

Typische Toggenburger-Malerei

Auf blauem Grund umschließen Rocaillen das farbenprächtige Blumenmotiv, patiniert mit handelsüblicher Patina. Rocaillen entstehen alle aus einem Oval. Mit Ocker gleichmäßig ausfüllen. Pinsel steil halten, fein ansetzen, bei Rundungen und starken Schörkeln breit drücken und in einem Zug ausmalen. Pinsel auswaschen und in die noch nasse Farbe mit Schwarz oder mit Weiß Lichter einmalen.

Bei den beiden unteren Formen wird ebenso vorgegangen. Sie können Ihrer Phantasie freien Lauf lassen und immer neue Schnörkel dazumalen (Tafel Seite 52).

Gleichmäßig von oben nach unten mit Ocker ausmalen. Nach dem Trocknen mit etwas verdünntem Schwarz einen Bogen malen, dabei nach innen ziehen und fein auslaufen lassen.

Die Bogenkanten nochmals mit schwarzer Farbe abschließen. Bevor man mit Weiß die Rocaillenbogen abschließt, muß die schwarze Farbe trocken sein.

Die Schnörkel werden mit Ocker und weißen Lichtern ausgemalt.

Eine Schwarz-Weiß-Kombination kommt sehr oft in der Rocaillenmalerei vor (Tafel Seite 53).

Es ist sinnvoll, die Schnörkel, Schatten und Lichterstriche auf einem Stück Karton zu üben. Sie werden schnell Erfolg haben und einfache Rocaillen gar nicht mehr vorzeichnen. Dann macht die Malerei erst richtig Spaß.

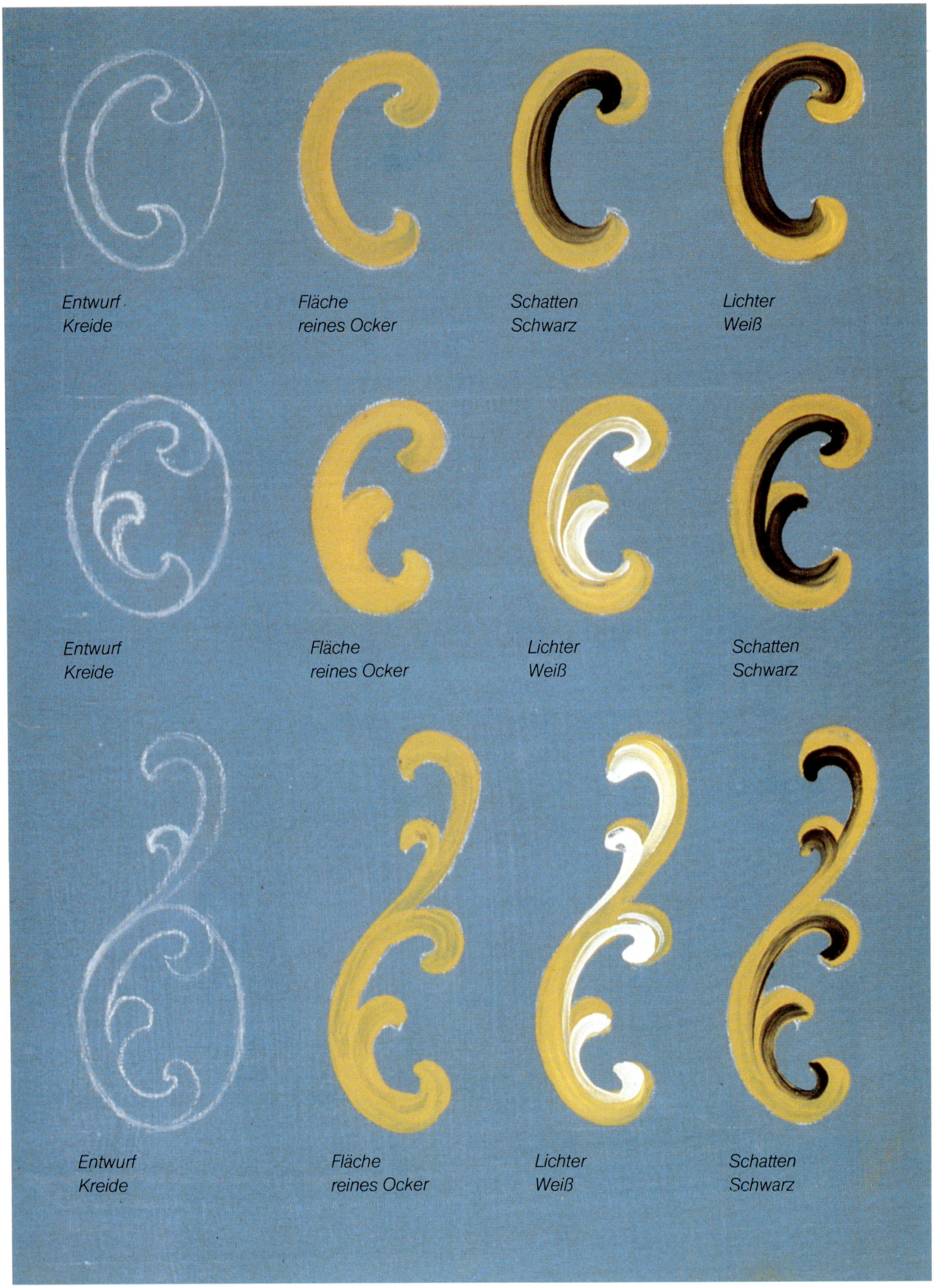
Entwurf
Kreide
Fläche
reines Ocker
Schatten
Schwarz
Lichter
Weiß
Entwurf
Kreide
Fläche
reines Ocker
Lichter
Weiß
Schatten
Schwarz
Entwurf
Kreide
Fläche
reines Ocker
Lichter
Weiß
Schatten
Schwarz

Entwurf Kreide
Fläche Ocker mit etwas Weiß
Schatten Schwarz
Lichter Weiß
Muschelfläche reines Ocker
Lichter Weiß
Entwurf Kreide
Fläche reines Weiß
Schatten Schwarz
Lichter Weiß
Muschelfläche reines Weiß
Schatten Schwarz

Entwurf Kreide
Fläche reines Ocker
Schatten Schwarz
Muschelfläche
Ocker mit etwas Rot
Schatten Schwarz
Lichter
reines Weiß
Entwurf Kreide
Fläche reines Ocker
Schatten Schwarz
Muschelfläche
Ocker mit etwas Rot
Schatten Schwarz
Lichter
reines Weiß

Toggenburg

Toggenburger Darstellung eines Sennen mit hochgefülltem Tragekorb, gefolgt von seiner Geiß, auf dem Grasplatz vor einem Bauernhaus.
Die Szene ist umrahmt von Rosen und Sternblumen. Das Motiv ist zur Hälfte patiniert und zeigt einen interessanten Kontrast auf. (Bild Seite 55)

Rose

mit Kreide vorzeichnen. Kleinen Kreis mit schwarzbrauner Farbe (2 Teile Rot, 1 Teil Schwarz) füllen. Pinsel auswaschen. Mit Rot den großen Kreis ausmalen und dabei den kleinen Kreis umschließen. Von unten nach oben, Strich für Strich, zum kleinen Kreis vorarbeiten. Pinsel am Lappen abstreifen und sofort weiße Lichter einmalen. Pinsel steil halten, spitz ansetzen, ein wenig ziehen, breit drücken und besonders fein auslaufen lassen, dabei den Pinsel zwischen den Fingern drehen.

Die Rose läßt sich in verschiedenen Farbnuancen ausführen.

Kleiner Kreis: Schwarzgrün (1 Teil Ocker, 1 Teil Schwarz)
Großer Kreis: Olivgrün (5 Teile Ocker, 1 Teil Schwarz)
Rosenblätter: mit weißen Lichtern
Kleiner und großer Kreis: Ocker (rein)
Rosenblätter: Rot (5 Teile Ocker, 1 Teil Rot)

Nelke

Halbmond Olivgrün (5 Teile Ocker, 1 Teil Schwarz). Nelkenblätter mit Weiß von links nach rechts in die nasse Farbe einmalen. Pinsel steil halten, etwas breitdrücken und dann fein nach unten auslaufen lassen.

Nelkenstengel Olivgrün mit ockerfarbenen Lichtern.
Halbmond Ocker (rein)
Nelkenblätter Ocker (3 Teile Weiß, 1 Teil Ocker)
Nelkenstengel Olivgrün (5 Teile Ocker, 1 Teil Schwarz)
Halbmond Rot (rein)
Nelkenblätter Weiß
Nelkenstengel Olivgrün

Knospen und kleine Sternblumen

Halbkugel Schwarzbraun ausfüllen, trocknen lassen und den Rest der Fläche mit Rot (1 Teil Rot, 1 Teil Ocker) ausfüllen. Sofort etwas Ocker in die rote Farbe reinziehen. Nach dem Trocknen weiße Punkte aufsetzen. Stengel und Blätter werden mit Olivgrün gemalt.

Sternblume

Pinsel mit Ocker und gleichzeitig die Spitze mit Weiß bedecken. Mit dieser Pinselfüllung alle außen herumliegenden Blätter malen. Zum Schluß mit Orange (5 Teile Ocker, 1 Teil Rot) den kleinen Kreis ausfüllen. Das weiße Licht darf zur Belebung nicht fehlen.

Rosenknospe

Das Oval wird rot ausgemalt. Mit etwas Weiß malt man die eine Seite heller. Die Farbe trocknen lassen. Blätter Olivgrün malen. Pinsel unten ansetzen, breit drücken und nach oben fein auslaufen lassen.

Fläche Rotbraun (3 Teile Rot, 1 Teil Schwarz)
Rot (1 Teil Rot, 1 Teil Ocker)
Lichter (Weiß)
Flächen Rot
Rot + Ocker
Ocker
Lichter Weiß
Flächen Weiß
Schatten Schwarz
Ocker
Weiß
Lichter Weiß
Ocker
Rot
Weiß
Flächen Blau (1 Teil Blau,
1 Teil Schwarz)
Lichter Weiß
Flächen Dunkelgrün (1 Teil Schwarz,
2 Teile Ocker)
Lichter Weiß + ein wenig Ocker

Appenzell

Rose

Kleinen Kreis mit Rotbraun (3 Teile Rot, 1 Teil Schwarz) ausfüllen. Pinsel auswaschen.
Der große Kreis besteht aus Rot (1 Teil Rot, 1 Teil Ocker). Pinsel am Lappen abstreifen und in Weiß tauchen. Sofort in die noch nasse Farbe die eigentlichen Rosenblätter malen. Man beginnt mit dem mittleren Blatt. Pinsel steil halten, fein ansetzen und von links unten nach rechts unten die weißen Lichter reinziehen. Ebenso verfährt man bei den übrigen Blättern.
Die unteren Blätter rot ausmalen und sofort von links nach rechts die Lichter einmalen.
Zur Belebung werden noch die weißen Schnörkel aufgesetzt.

Tulpe

Das erste Tulpenblatt nur mit reinem Rot füllen. Von oben nach unten in einem Zug malen.
Beim zweiten Blatt nehmen wir zusätzlich Ocker an den Pinsel. Den Pinsel am Lappen abstreifen und nur Ocker aufnehmen. Damit füllen wir das dritte Blatt aus. In die nasse Farbe ziehen wir sofort von rechts nach links und von oben nach unten die weißen Lichter ein.

Sternblume

Blatt für Blatt weiß ausfüllen – dabei gleich Schatten mit wenig Schwarz malen. Trocknen lassen und mit Ocker den Kreis füllen. Weiße Punkte beleben die Blume.
Die kleine Rosette wird ebenso gemalt.

Nelke

Halbmond mit Blau (1 Teil Blau, 1 Teil Schwarz) füllen. Nach dem Trocknen weiße Zacken am Rand und in der Mitte auftragen. Die oberen zwei Schnörkel auch in Weiß.

Blätter

Dunkelgrün (1 Teil Schwarz, 2 Teile Ocker).
Lichter Weiß und ein wenig Ocker.

Schweizer Vasenformen

Die Grundierung besteht aus Mittelgrau (Weiß, wenig Ocker und Schwarz). Erst Schnabel und Hals damit füllen. Sofort in die noch nasse Farbe weiße Lichter und schwarzblauen Schatten einarbeiten. Auf die gleiche Art malt man den Bauch, den Fuß und den Vasengriff.

Flächen	*Mittelgrau (Weiß, wenig Ocker und Schwarz)*
Schatten	*Schwarzblau*
Lichter	*Weiß*

Oberbayern

Dieses Land mit seinen großen schönen Bauernhöfen ist das Hauptgebiet des bemalten Bauernmöbels, besonders in der Barock- und Rokokozeit.
Obwohl man seinerzeit sogar gebietsweise die Bemalung von Möbeln verboten hat, setzte sie sich durch und es war auch nicht zu übersehen, daß die Motive der Intarsienmöbel zum Teil nachgeahmt wurden.
In den Tischler-Werkstätten Oberbayerns wurde verschiedenartige Möbelmalerei betrieben. So ist z.B. in der Miesbacher Gegend die Türkenmalerei entstanden.
Auf Blankholz sind Moscheen, Türme, Häuser usw. gemalt. Eine regelrechte türmereiche Architektur. Zur gleichen Zeit wurden in Tölz Serienschränke hergestellt. Zunächst hat man Bandelwerk im Anschluß der Intarsia auf den Möbeln dargestellt. Grün und Blau sind schon im späten 18. Jahrhundert die beherrschenden Grundierungsfarben. Einfache Kästen mit naiver und zugleich primitiver Rosenmalerei mit heiligen Herzen und Monogrammen lassen die Tölzer Möbelmalerei zu einer der eigenständigsten unter den bekannten Stilrichtungen werden.
Die Tölzer-Malerei wird in einem eigenen Kapitel, Seite 76, ausführlich behandelt.
Daneben gab es in Oberbayern noch viele andere Werkstätten und -Gruppen. Meistens sind sie von barockartigen Vorbildern beeinflußt. Zu den wichtigsten Werkstätten gehört die des Anton Perthaler aus Degerndorf bei Brannenburg am Inn. Perthalter lebte von 1740–1806. Seine Familie stammte aus Tirol. Die Rokokomalerei hat er in Vollendung beherrscht. Seine Möbel weisen eine hellblaue Grundierung auf. Verziert sind sie mit Rankenwerk, Rocaillen und religiösen Sinnbildern.
Speziell in Oberbayern, Oberösterreich, Tirol und in der Schweiz hat man diese Rocaillenmalerei gepflegt, wobei Ornamente, Ranken und Blumen in allen Variationen abgewandelt wurden.
Außer Perthaler hat es auch der Leitzachtaler Johann Böhlein verstanden, die Rokokomalerei zu pflegen. Die strengen Füllungen der Schränke lockerte er durch Rocaillen und Blumenranken auf und erzielte damit einen prächtigen Gesamteindruck. Die Oberstätter Kistler (Balthasar Gaßner) waren stark vom Kirchenbarock beeinflußt.
Zu erwähnen wäre noch der Tischler-Maler Johann Nepomuk Pichler. Er hat sich nicht von den zeitgenössischen Stilmitteln beeinflussen lassen. Die naiven figürlichen Darstellungen wie Trachten, ländliche und religiöse Szenen zeichnen diesen Mann und seine Malerei aus.
Auf den nachfolgenden Seiten werden Sie die charakteristischen Motive und die Maltechnik kennenlernen.

Degerndorf

Auch in Oberbayern hat das oberschichtliche Ornament, die Rocaille, eine muschelähnliche Form, in der volkstümlichen Möbelmalerei große Bedeutung erlangt.
Kraftvolle Flächenornamente bis zu zarten Gebilden, die von Blumen und Ranken umgeben sind. Alle diese Rocaillen entstehen aus einem Oval.
Die meisten Schränke Perthalers weisen eine hellblaue Grundierung auf.
Hellblau (2 Teile Weiß, 1 Teil Blau, nur minimal Braun).

Rose

Mit brauner Farbe (2 Teile Schwarz, 1 Teil Rot, 1 Teil Grün) ausfüllen. Pinsel auswaschen und mit Ocker in die nasse braune Farbe Blattformen reinziehen. Pinsel dabei steil halten, fein ansetzen, etwas breitdrücken und dann zu einer Spitze auslaufen lassen.
Die weißen Lichter werden genauso gemalt.

Rose Blau (Blau und etwas Schwarz)
Mischung mit Weiß aufhellen
Lichter Weiß

Rose Rot (1 Teil Rot, 2 Teile Ocker)
Mischung mit 1 Teil Ocker und 1 Teil Weiß ergänzen
Lichter Weiß

Rosenknospe

Rot (1 Teil Rot, 2 Teile Ocker)
Braune und weiße Schattierung.
Die Knospenblätter sind mit Grün (1 Teil Grün, 1 Teil Schwarz) grundiert. Lichter mit Ocker und Schatten mit Schwarz reinziehen.

Oberbayrische Vasen

Flächen *Blau, etwas Schwarz*
Schnörkel *Rot (1 Teil Rot, 2 Teile Ocker)*
Ocker (rein)
Lichter *Weiß*

Flächen Ocker (rein)
Lichter Weiß (rein)

Nelken

Mit Rot (1 Teil Rot, 2 Teile Ocker) den Halbkreis ausfüllen. In die nasse Farbe weiße Lichter einmalen.
Erst den mittleren Strich und dann die beiden kleinen außen.
Nach dem Trocknen den dunkelgrünen Stengel, die weißen Schnörkel und die grünen Blätter auftragen.

Grundierung Ocker (rein)
Konturen Braun (2 Teile Schwarz, 1 Teil Rot, 1 Teil Grün)
Lichter Weiß (rein) Stengel und Blätter Grün mit Ocker

Grundierung Rosa (Weiß, minimal Rot und Schwarz)
Konturen Braun, lasierend auftragen
Lichter Weiß Stengel und Blätter Grün mit Ocker

Sternblume

Blau (Blau und etwas Schwarz)
Farbmischung etwas mit Weiß aufhellen und Schattierungen einmalen.
Mit Weiß Lichter einsetzen und nach dem Trocknen einen roten Punkt auftragen.
Zur Belebung kommt in die rote nasse Farbe noch ein Schnörkel in Weiß.

Flächen Ocker (rein)
Grün
Rot
Schatten Braun
Lichter Weiß
Fläche Ocker
Fläche Grün
Lichter Weiß
Konturen Braun
Lichter Ocker
Lichter Weiß
Weiß (Weiß, Ocker)

◀ *Geschlossene Tulpe*

Mit Ocker ausfüllen, sofort weiße Lichter reinziehen und zusätzlich mit braunen Schattierungen versehen.

Die rote Tulpe wird genauso gemalt.

Große Sternblume

Blätter mit Ocker ausmalen. Zusätzlich Weiß an den Pinsel nehmen und um den kleinen Kreis leicht schattieren. Mit Weiß setzt man noch die Lichter ein. Die Konturen werden von außen nach innen mit brauner Farbe gezogen. Sobald die Farben trocken sind, wird der rote Kreis ausgefüllt und sofort Lichter eingesetzt. Die ockerweißen Punkte sollten nicht fehlen.

Die Blätter und Ranken gleichen sehr stark den Ornamenten.
Mit Grün und Ocker sind diese gemalt.

Leitzachtal

Hintergrundfarbe ein sattes Blau

Rose

Rot ausfüllen, Pinsel am Lappen abstreifen und in schwarze Farbe tauchen. Pinsel steil halten und in einem Schwung den Rosenkelch und den dunklen Schatten unmittelbar über den Rosenblättern malen. In die nasse Farbe weiße Lichter reinziehen.
Pinsel steil halten, fein ansetzen, in der Mitte breitdrücken und zu einer Spitze auslaufen lassen. Erst links, dann rechts, bis man unten bei den Blättern ist.
Die vier Blätter füllen wir nochmals mit Rot und ziehen dann sofort weiße Lichter von links nach rechts. Eine Pinselfüllung genügt. In den Rosenkelch werden noch zur Belebung ockerfarbige Punkte mit der Pinselspitze gesetzt.
In der gleichen Technik kann die Rose auch in Blau gemalt werden.

▼

Sternblume

Alle dunkelblauen Blätter malen. Sofort mit unverdünntem Weiß Strich für Strich von außen nach innen Lichter reinziehen.
Die Farben trocknen lassen. Der Kreis wird mit Rot und etwas Schwarz gemalt.

Rosenblätter

Grün (3 Teile Grün, 1 Teil Schwarz)
Die Schatten werden von der Blattspitze aus mit schwarzer Farbe nach unten in die grüne nasse Farbe gezogen.

▼

Nelke

Das Oval wird mit Rot ausgefüllt. Von oben nach unten wird in Kreisbewegung Weiß mit dem Pinsel eingetupft. Zum Schluß setzt man die weißen Schörkel auf. Stengel und Blätter sind Dunkelgrün (3 Teile Grün, 1 Teil Schwarz) Knospe Rot/Weiß.

Tulpe

Beim ersten Blatt nimmt man gleichzeitig Ocker und etwas Schwarz an den Pinsel. Das zweite Blatt wird mit Ocker gemalt. Zu dem Ocker gibt man beim dritten Blatt noch etwas Weiß dazu. Man erreicht so eine gute Farbabstufung. Von der Tulpenspitze ziehen wir lasierend Rot bis zur Tulpenmitte.

Beim Gestalten von Blumenmotiven immer erst die einzelnen Blumen malen und dann mit Blättern ausschmücken. ▶

Fläche Rot
Dunkelgrün (3 Teile Grün,
1 Teil Schwarz)
Lichter Weiß
Flächen Ocker und Schwarz
Ocker (rein)
Ocker und Weiß
Rot, lasierend

Oberbayrisches Ornament

Wie auf dem Schrank „Vierjahreszeiten“ (Umschlag-Rückseite) Rocaillen mit Kreide vorzeichnen, mit dunkelbrauner Farbe ausmalen und weiße Lichter einsetzen.

Heilige Katharina
Ausschnitt aus einem Schrank
aus dem Raum Gunskirchen,
Oberösterreich (1793)

Fläche Rot (1 Teil Rot, 2 Teile Ocker)
Weiß
Schatten Schwarz

Lichter
Weiß mit etwas Gelb

Flächen Blau
Weiß (rein)
Schatten Schwarz

Lichter
Weiß (reines Weiß)
Punkte Gelb

Flächen Gelb
oder Rot
oder Blau
Schatten Schwarz

Flächen Blau
Weiß
Rot

Gelb und Weiß
Lichter Gelb

Tirol

Rose

Einen runden roten Farbklecks (1 Teil Rot, 2 Teile Ocker) auftragen – bei der anderen Rose Blau.
Den Pinsel am Lappen abstreifen, dann in Schwarz eintauchen und damit den Rosenkelch und den Schatten einmalen. Pinsel auswaschen und abtrocknen.
Sofort oberhalb des Rosenkelches die zwei weißen Blätter einsetzen; mit weißer Farbe Blatt für Blatt von oben nach unten ziehen. Pinsel steil halten, breit drücken und nach unten auslaufen lassen. Diese Maltechnik kann auch mit dem Flachborstenpinsel durchgeführt werden.
Die drei unteren Blätter werden von links nach rechts gemalt.

Rosenknospe

Sie kann mit Gelb, Rot oder Blau gemalt werden. Das Oval mit Gelb ausfüllen, Schwarz aufnehmen und Schatten einmalen. Statt grüne kann man auch weiße Knospenblätter malen.

Sternblumen

Um den blauen Kreis werden weiße Blätter gemalt. Pinsel am Rand der blauen Farbe ansetzen, halb um die eigene Achse drehen.
In die Mitte kommt ein roter und gelber Punkt.
Die gelbweiße Blume wird wie folgt gemalt:
Pinsel steil halten, etwas breit drücken und zur Mitte fein auslaufen lassen. Gelb und Weiß gleichzeitig an den Pinsel nehmen.

Tulpe (Blumenmotiv rechts oben)

Erstes Blatt mit einer schwarzblau gefüllten Pinselfüllung malen. Beim zweiten Blatt nur Blau aufnehmen. Zum dritten Blatt kommt noch Weiß dazu. Der schwarzgrüne Stengel umschließt die Tulpe.

Tiroler Ornamente (Zillertal) ▶

Auch diese Ornamente entstehen alle aus einem Oval. Man zeichnet die Rocaille mit einem handelsüblichen Kreidestift vor und malt sie weiß aus. In die nasse Farbe zieht man sofort die schwarzblauen Schatten.

Tiroler Vase ▶

Grundierung: Blau; Lichter: Weiß; Konturen: Schwarzblau
Bandschleifen: Weiß mit roten Konturen

Biedermeier

Die eigentliche Volkskunst der Möbelmalerei beginnt erst, als das Rokoko bereits am Verblühen war. Maler- und Tischlerwerkstätten sind nicht mehr auf Vorbilder der Intarsien, Barock- und Rokokomalerei angewiesen. Ende des 18. Jahrhunderts bis in die 50er Jahre des 19. Jahrhunderts erringt die Bauernmalerei ihre größte Eigenständigkeit. In dieser Zeit entwickelten sich landschaftliche Eigenarten viel stärker heraus. Auf den folgenden Seiten wird die Tölzer, Fränkische, Schwarzwälder und Egerländer Bauernmalerei ausführlich gezeigt und beschrieben. Diese vier Landstriche scheinen die interessanteste Eigenständigkeit erreicht zu haben. Man kann zum Teil deutliche Bildelemente des Klassizismus, des Empire und des Biedermeier erkennen. Man liebt gerade Felder mit Blumensträußen und Schleifen oder in Vasen einfache Rosen in allen Variationen, Tulpen, Nelken, Sternblumen und kleine Vögel dürfen nicht fehlen. Medaillons und Säulen sind mit Kränzen umgeben.
Außer blau und grün ist die Grundierung nicht selten auch braun. Die Schränke weisen Kammstriche, Streifen und Marmor auf.

Einfache Rosenform

Den kleinen Kreis mit schwarzbrauner Farbe ausfüllen. Pinsel am Lappen abstreifen und in die rote Farbe tauchen. Von oben rechts, am äußersten Rand des großen Kreises in einem Zug entlang, nach links oben, die Farbe auftragen und somit den ganzen Kreis ausfüllen.
Durch diese Technik erhält der Kreis sofort die charakteristische Rosenstruktur.
Pinsel auswaschen und mit weißer Farbe von links nach rechts spitz auslaufend Lichter in die nasse rote Farbe reinziehen. Ockerweiße Punkte beleben die Rosenform.

Rose mit Blättern

Der Farbauftrag ist wie bei der ersten Rose. Nur die 6 Blätter müssen von links beginnend mit Rot, Ocker oder Blau ausgefüllt und mit weißen Lichtern versehen werden.

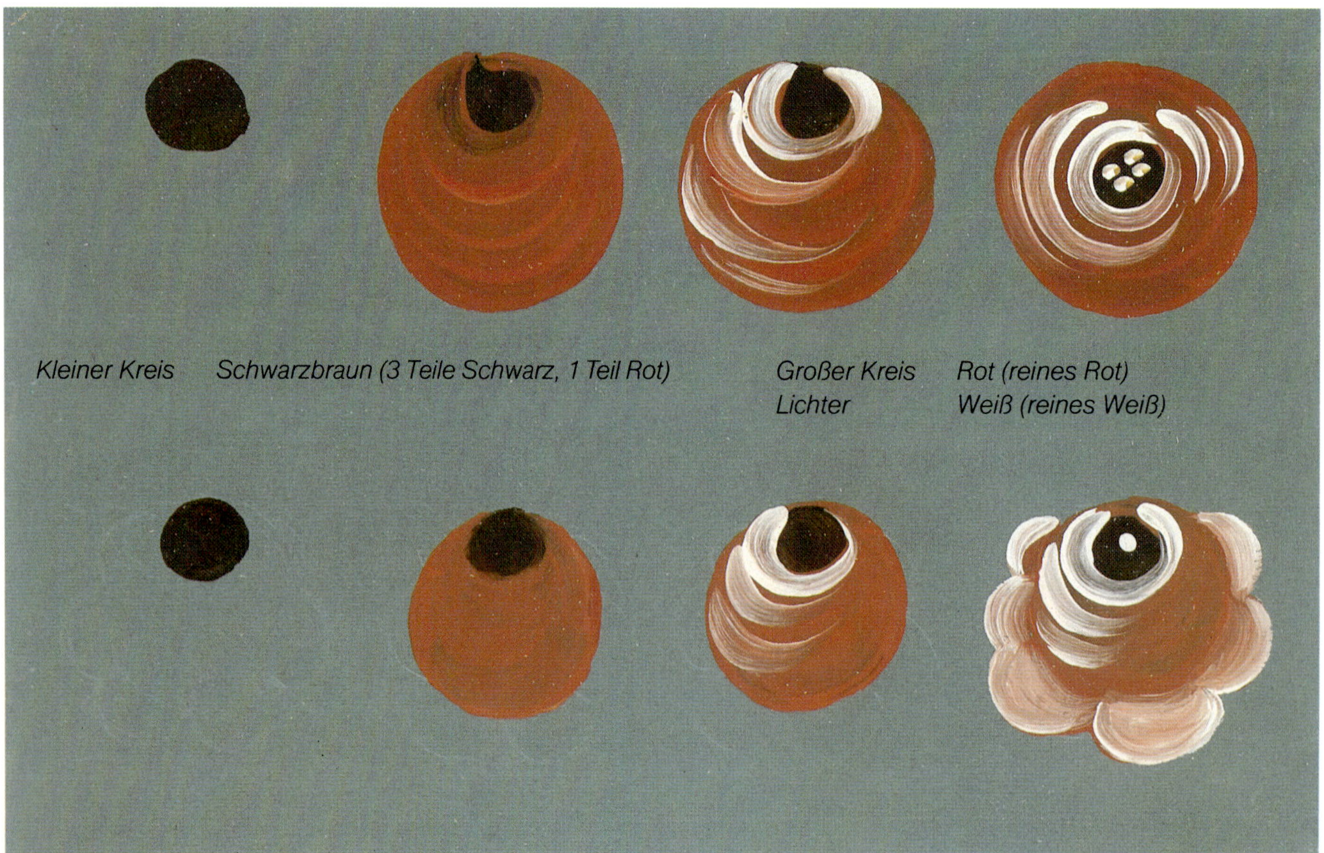

Tulpe

Pinsel gleichzeitig in Rot und Schwarz tauchen und damit das erste Tulpenblatt malen. Beim zweiten Blatt nur noch Rot dazunehmen.

Das dritte Blatt ist zusätzlich mit Ocker versehen. In die nasse Farbe werden die weißen Lichter von rechts beginnend reingezogen. Pinsel steil halten, fein ansetzen, breitdrücken und nach unten zu einer Spitze auslaufen lassen. So wird Blatt für Blatt gemalt.

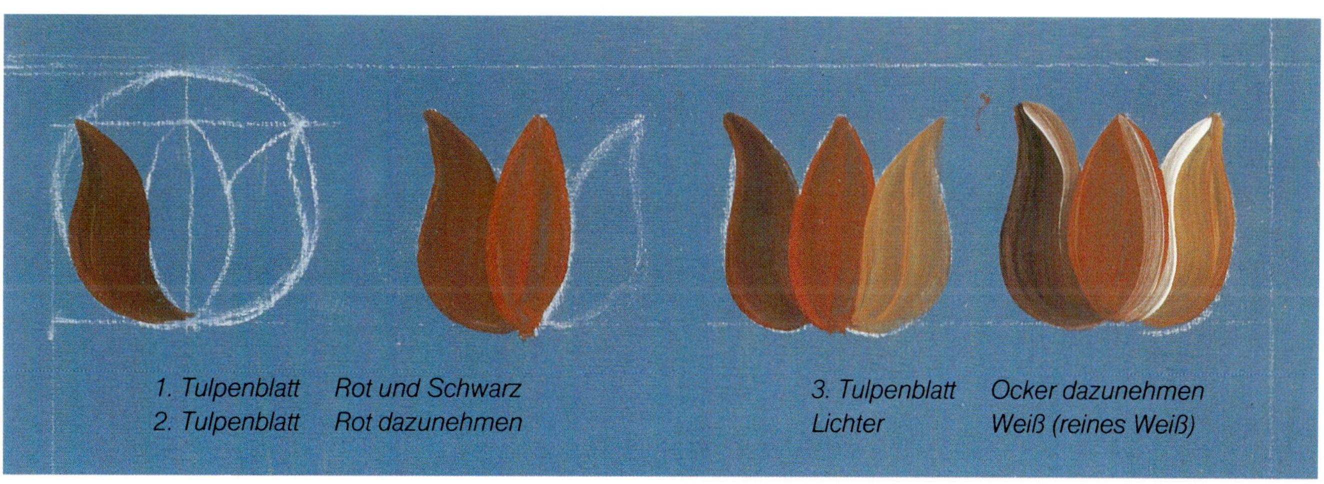

Die kleinen Tulpen und Glöckchen können in Rot, Ocker oder Weiß gemalt werden. Die Maltechnik bleibt die gleiche wie bei den großen Tulpen.

Nelke

Halbmond mit Rot ausfüllen. Pinsel ganz spitz ansetzen, etwas breitdrücken und von oben nach unten ziehen. Beim Einsetzen der weißen Lichter ebenso vorgehen. Stengel und Blätter sind Olivgrün.

Biedermeier-Vasen ▶

1) Korb (Franken, 1831)

2) Krug (Franken, um 1830)

3) Geschwungener Korb (Oberpfalz, 1839)

4) Vase (Tirol, 1820)

5) Vase (Tölz, 1825)

6) Schleifen (kommen in fast allen Landstrichen vor.)

1+2 Große Flächen Ocker, kleine Flächen Rot
Konturen Rot, lasierend
Für die Linien Malstock oder Lineal verwenden.

3 Grundierung Rot (2 Teile Ocker, 1 Teil Rot)
Konturen Schwarzbraun

4 Grundierung Dunkelblau (1 Teil Blau, 1 Teil Schwarz)
Schattierung Weiß
Band Rot (zum Schluß malen)

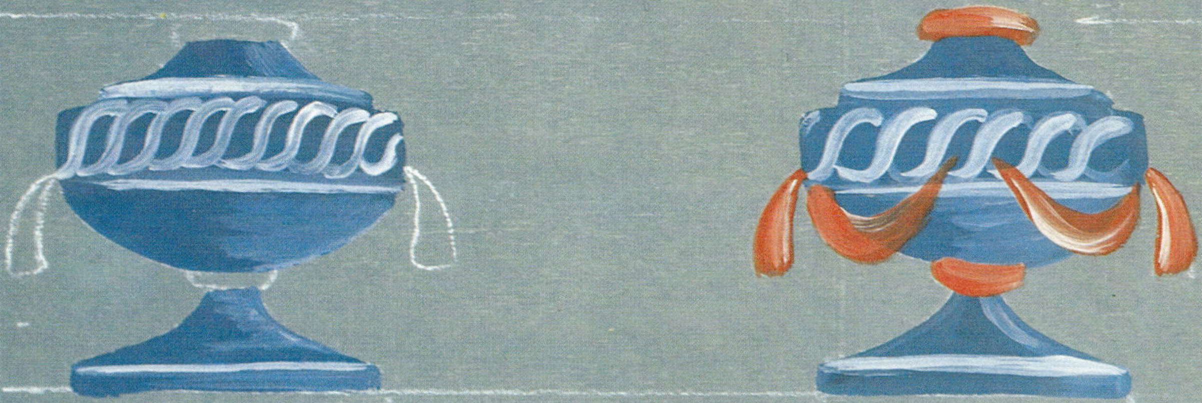

5 Fläche Hellgrün (1 Teil Weiß, 1 Teil Grün, 1 Spitze Blau)
Konturen Rot (1 Teil Rot, 1 Teil Ocker, minimal Grün)
Wellenlinien Schwarz
Punkte und Lichter Weiß

6
Ocker mit Weiß
Konturen Rotbraun

Tölz

Die Tölzer Bauernmöbel sind weltbekannt. Nicht allein, weil eine Tradition der Möbelherstellung seit dem späten Mittelalter vorliegt, sondern weil über Jahrhunderte in den Werkstätten serienmäßig volkstümliche Möbel gefertigt wurden. Selbst auf den altberühmten Münchner Jahrmärkten durften die Tölzer trotz aller Proteste der Münchner Tischler ihre Ware verkaufen.
Beim Tölzer Kasten bilden die Türen eine Ebene mit den festen Teilen der Vorderwand, Angeln sitzen in senkrechten Leisten. Die Simsleisten weisen fast kein Profil auf, Ecken sind geschrägt und Türen- und Seitenleisten geriffelt. Vorerst wurden die Kästen mit Bandelwerk überzogen. In der Blütezeit von 1780–1850 wurden die Schränke vorwiegend mit blauer Farbe grundiert. Die Farben Braun und Grün traten erst Anfang des 19. Jahrhunderts auf, wobei die Flächen zum Teil mit Kammstrich belebt waren.
Charakteristisch sind die Tölzer Rosen. Hinzu kommen heilige Herzen mit den dazugehörenden Monogrammen.
Aus Vasen oberhalb des Sockels wuchern Blumen empor und umschließen die aufgemalten Herzen. Auch Vögel tauchen bei dieser Malerei auf.

Kleiderschrank, Fichte, bemalt Tölz (1818)

Tölzer Motive

Grundierungsfarbe: Dunkelblau

Nach dem Auftrocknen der Farbe ist diese mit 240er Schleifpapier fein geschliffen. Die Holzmaserung kommt durch und wirkt dadurch sehr antik.

Rose

Großer Kreis	Rot (1 Teil Rot, 1 Teil Ocker)
Kleiner Kreis	Schwarzblau (2 Teile Schwarz, 1 Teil Blau)
Lichter	Weiß

Alle Farben sind lasierend aufgetragen.

Rose

Farbmischung wie oben

Diese Rosenformen werden auch sehr häufig in Hellblau (3 Teile Blau, 1 Teil Weiß und eine Spitze Rot) gemalt.
Die Rosenblätter sind nicht spitzig und zackig, wie in anderen Landstrichen, sondern abgerundet und geschwungen.

Blätter

Grundierung	Dunkelblau (2 Teile Blau, 1 Teil Schwarz)
Schatten	Schwarzblau (2 Teile Schwarz, 1 Teil Blau)
Lichter	Weiß

Sternblume

Weiß, in der Mitte Ocker, Rot umrahmt, mit dunkelblauen Punkten.

Das heilige Herz mit den dazugehörenden Monogrammen ist ein ständig wiederkommendes Motiv.
Die Herzen sind außer mit Kränzen auch mit den Namen Jesus, Maria, Joachim und Anna beschrieben.

Herz

Grundierung	Rot (1 Teil Rot, 1 Teil Ocker)
Kranz	Braun und Weiß
Lichter	Weiß
Heiligenschein	Ocker

Vogel

Die Grundierungsfarbe Blau wirkt beim Vogel mit.

Konturen	Rot und Hellblau
Flügel	Schwarz mit weißen Lichtern.

Flächen Rot (1 Teil Rot, 1 Teil Ocker)
Schwarzblau (2 Teile Schwarz, 1 Teil Blau)
Lichter Weiß (rein)
Flächen Hellblau (3 Teile Blau, 1 Teil Weiß, Spitze Rot)
Flächen Rot (1 Teil Rot, 1 Teil Ocker)
Weiß
Ocker
Konturen Rot und Hellblau
Motive 1818

Motive
Anfang des
19. Jahrhunderts

◀ Die Tölzer Kästen sind nicht selten mit brauner Farbe grundiert, wobei die Fläche oft durch Kammstrich belebt wurde.
Das rote Ornament umrahmt die hellblaue Füllung (3 Teile Blau, 1 Teil Weiß, nur wenig Rot) sehr dekorativ.

Rosen

Grundierung	Rot (1 Teil Rot, 1 Teil Ocker)
Rosenkelch	Schwarzblau (2 Teile Schwarz, 1 Teil Blau)
Lichter	Weiß

Blätter

Grundierung	Blau (2 Teile Blau, 1 Teil Schwarz)
Schatten	Schwarzblau (2 Teile Schwarz, 1 Teil Blau)
Lichter	Weiß

Ornament, Vase und Tulpe:
Rot (1 Teil Rot, 1 Teil Ocker)

Zu den sehr naiven Blumenformen paßt die typische Tölzer Vase und der äußerst primitiv gemalte Vogel.
Die Farben Blau, Rot und Weiß sind auch hier vorherrschend.

Bei diesem Motiv wurde mit 240er Schleifpapier nach dem vollständigen Austrocknen der Farben die Oberfläche feingeschliffen. Durch die weiße Farbe schimmert nur Rot und durch die rote und gelbe Farbe Blau, Auf diese einfache Art kann man diesen Altertumseffekt erzielen. ▶

Schwarzwald

Aus dem Schwarzwald kommen überwiegend eintürige Schränke, vereinzelt auch Truhen. Über längere Zeit hinaus bleiben diese Formen gleich: breite Seitenfriese auf einem vorgetäuschten Sockel, oben mit geraden oder leicht geschwungenen Simsleisten. Die Seitenteile weisen jeweils zwei rechteckige Felder auf, die oft weißgelb marmoriert sind. Der Grund um sie ist blaugrün. Die aufgemalten weißen Felder neben der Tür sind mit Füllhörnern und bunten Blumen versehen. Typische Merkmale sind die innerhalb eines Rosenkranzes aufgemalten Jesus- und Marienmonogramme, die auf den kreisförmigen weißen Feldern zu erkennen sind. Geschnitzte und nicht wie üblich aufgesetzte Profilleisten sind bräunlich gehalten. Oberhalb der Sockelleisten zeigen sich Häuser, kleine Städte und Dörfer. Diese Malerei reicht vom Ende des 18. Jahrhunderts bis in die dreißiger Jahre des 19. Jahrhunderts.
Zum Teil spiegeln sich die Motive der typischen Uhrmachergegenden um Lenzkirch, Furtwangen und Neustadt auf den Möbeln wider.

Kleiderschrank, Fichte, bemalt Schwarzwald (1796)

Schwarzwälder Motive

Hintergrundfarbe Blaugrün (1 Teil Blau, 1 Teil Grün)

Rose

Der kleine Kreis wird mit Rotbraun (1 Teil Rot, 1 Teil Schwarz) ausgefüllt. Pinsel nur am Lappen abstreifen und den großen Kreis Rot (3 Teile Rot, 1 Teil Schwarz) malen. Schwungvoll in die nasse Farbe Ocker reinziehen. Die kleinen Blättchen oder Schnörkel werden von rechts nach links eingesetzt. Unten am großen roten Kreis entlang den schwarzen Schatten malen.
Pinsel auswaschen, weiße Farbe aufnehmen und damit die Blätter auftragen.

Rose

Weiße Grundierung. Die Rose mit Kohle vorzeichnen und den kleinen Punkt Schwarzbraun (3 Teile Schwarz, 1 Teil Rot) ausfüllen. Der große Kreis ist Rot (3 Teile Rot, 1 Teil Schwarz). In die nasse rote Farbe wird mit Ocker der mittlere Kreis aufgetragen. Anschließend malt man noch die drei grünen Rosenblätter (1 Teil Grün, 1 Teil Schwarz, wenig Ocker). Nach dem Trocknen fährt man mit lasierendem Weiß unterhalb des großen roten Kreises entlang.

Füllhorn

Grundierung Ocker, mit Rot Konturen und Schattierungen malen. Pinsel steil halten und immer von oben nach unten arbeiten. Der rote Füllhornkelch ist mit weißen Schnörkeln umgeben.

Zackige Blätter und Stiele, die lasierend grün (1 Teil Grün, 1 Teil Schwarz) gemalt sind, wuchern aus dem Füllhorn heraus.

Häuserszenen

Oberhalb der Sockelleisten, nicht selten auch oberhalb des Simses, werden die Häuserszenen dargestellt. Man zeichnet die Häuser auf weißem Grund mit Kohle vor und malt sie dann lasierend aus.
Farbtöne: Braun, Grau, Rot, Ocker und Grün. Die roten Randstreifen zieht man mit einem Lineal oder Malstock.

Flächen Rotbraun (1 Teil Rot, 1 Teil Schwarz)
Rot (3 Teile Rot, 1 Teil Schwarz)
Lichter Ocker und Weiß
Grundierung Weiß
Flächen Schwarzbraun
(3 Teile Schwarz, 1 Teil Rot)
Rot (3 Teile Rot, 1 Teil Schwarz)
Grün (1 Teil Grün, 1 Teil Schwarz)
Lichter
Weiß und
Ocker
Flächen Ocker
Konturen Rot
Blätter Grün, lasierend
(1 Teil Grün,
1 Teil Schwarz)
Motive 1811

Seitenteil (Marmorierung) Schwarzwald (1796)

◀ *Marmorierung*

Profil-, Sockel- und Simsleisten sind meistens in diesem Farbton marmoriert. Oft treten ganze Marmorfelder an den Seitenteilen der Schwarzwaldschränke auf.
Man zieht einen breiten Borstenpinsel (ähnlich wie bei der Streifentechnik) mit weißer und etwas rotbrauner Farbe in Wellenlinien schräg nach unten. Den Pinsel am Lappen abstreifen und rotbraune Farbe aufnehmen und versetzt schräg nach unten ziehen. Man kann noch schwarze Farbe dazunehmen und damit den Hell-Dunkel-Kontrast steigern. Nach dem Trocknen werden die Adern mit Dunkelbraun aufgetragen.

Vorderwand und Seitenwände ▶

Seitlich neben der Türe sind längliche Felder aufgemalt. Mit viel Schwung entsteht auf grauem Hintergrund ein zartes Rosen- und Nelkengebilde. Die weißen Linien umrahmen das Motiv geschmackvoll. Meistens sind auf einem Schrank vier solcher bemalten Felder zu sehen.
Füllhörner mit Blumen treten oft in Erscheinung.

Türfüllungen

Die Motivgestaltung der Türe auf Seite 84 stammt aus dem 18. Jahrhundert. Man hat die gesamte Türe, außer den geschnitzten Füllungen, mit Marmor versehen. Anfang des 19. Jahrhunderts sind dann nur noch die Sockel- und Simsleisten und die abgerundeten Schrankecken marmoriert worden.

Ein typischer Rosenkranz mit aufgemalten Jesus- und Marienmonogrammen (Seite 85). Auf blaugrünem Grund malt man ein weißes ovales Feld. Bei den Originalkästen sind es geschnitzte Füllungen, die so grundiert wurden. Der Rosenkranz wird auf einem dunkelgrünen, zur Mitte hin heller werdenden Farbton, gemalt. Das heilige Monogramm darf nicht fehlen. Oberhalb der Füllung verziert noch eine Rose mit Knospen das gesamte Motiv.

Seitenmotiv (1811)

Schrankfüllung, Schwarzwald (1796)

Schrankfüllung, Schwarzwald (1811)

Franken

Bis Anfang des 18. Jahrhunderts wurden die Möbel in Franken kaum bemalt. Meistens waren sie mit Schnitzwerk oder flachen, ausgesägten Auflagen aus Buchenholz verziert. Zusätzlich sind Balustern auf der Vorderwand seitlich von den Türen, verschiedentlich auch dazwischen, angebracht. Schüchtern taucht zwischen den Halbsäulen die Malerei auf. Später hat man die Schränke grün und vor allem blau grundiert. Die Felder der Türen und auch außerhalb wurden mit einfachem Pflanzenwerk (Ranken, naive Tulpen, Nelken, Rosen und Sternblumen) bemalt.
Sprüche und figürliche Darstellungen kamen sehr selten vor. Die abgeschrägten Ecken erhalten zum Teil im 19. Jahrhundert farbige Profilleisten. Häufig trifft man sehr lange Füllungen an, die nach oben spitz auslaufen. Anfang des 19. Jahrhunderts wird der Rahmen der vorwiegend rechteckig ist, aufgemalt.
Im Umkreis von Nürnberg, speziell in Mittelfranken, werden viele Schränke mit Wellenlinien und Streifen belebt.

Fränkische Motive

Die blaue Grundierung der Möbel ist vorherrschend. Teilweise sind Flächen mit Kammstrich und Streifentechnik auf Blankholz belebt. Grüne Grundierungen kommen selten vor.

Kleiderschrank, Fichte, bemalt Franken (1825)

Rose

Die fränkische Rose hat meistens nur 2 oder 4 Blätter und entsteht aus einem Kreis.
Lasierend (stark mit Wasser verdünnt) rote Farbe auftragen.
Mit verdünntem Weiß die restlichen Flächen ausfüllen. Zum Schluß mit deckendem Weiß Lichter reinziehen.
Die weiße Rose wird ähnlich gemalt, nur der mittlere Kreis ist mit einem hellen lasierenden Braun ausgefüllt.
Die geschlossene Rose ist wesentlich einfacher zu malen. Den großen Kreis und die zwei Blätter mit Gelbgrün versehen. Die Konturen sind lasierend rot. Mit schwarzen und gelben Konturen werden die Blätter umzogen. Anschließend malt man noch Adern in die Blätter.

Tulpe

Grundierung	Gelbgrün
Konturen	Rot
Punkte	Weiß
Schnörkel	Grün

Alle Farben müssen lasierend aufgetragen werden.

Nelke

Grundierung	Gelbgrün
Konturen	Rot
Punkte	Weiß
Stengel und Blätter	Schwarzgrün

Sternblumen, Rosenknospen und weiße Glöckchen werden in der gleichen Technik gemalt.

Schrankfüllung (Fotos Seite 89)

mit einem sehr einfachen naiven Motiv. Die Ecken sind mit einem zugeschnittenen Radiergummi (Kammtechnik) und Kasslerbraun gestaltet. Zusätzlich sind die Seiten noch mit Streifen versehen. Rote Abgrenzungslinien verstärken die Wirkung.

Schrankfüllung mit interessantem Marmoreffekt

Eine genaue Flächeneinteilung wird mit Bleistift und Lineal vorgenommen. Man deckt das mittlere Rechteck mit Papier und Klebeband ab und marmoriert den Rand in Wellenlinienform mit einem breiten Borstenpinsel und Farbe.
Anschließend füllt man die restlichen Flächen farbig aus. Erst dann werden die Begrenzungslinien mit Hilfe eines Lineals oder Malstocks gezogen.
Auch die Blumen sollten lasierend aufgetragen werden.

Blumenranken auf bräunlich getöntem Blankholz. Die Malweise ist wie bei den gezeigten Einzelblumen.

Flächen Rot, lasierend
Weiß, stark verdünnt
Gelbgrün
Konturen Rot, lasierend
Schwarz
Gelb
Flächen Gelbgrün
Konturen Rot
Lichter Weiß
Flächen Gelbgrün
Schwarzgrün
Konturen Rot
Gelb
Motive um 1840

Vogel	Grundierung	Hellbraun
	Flügel	Blau
	Auge	Schwarz
	Schnabel	Gelb
	Lichter und Punkte	
	Hellbraun mit Weiß aufhellen	

Korb	Grundierung	Gelb
	Konturen	Rot

Vase	Grundierung	Weiß
	Konturen	Schwarzblau
	Dreiecke	Rot und Grün
	Schnörkel	Rot und Grün

Motive um 1840, Franken

Seitenteil, Franken (1825)

Füllungen von einem Kleiderschrank,
Mittelfranken (1841)

Egerland

Eine Landschaft, die zum nordwestlichen Teil Böhmens gehört und unmittelbar an Oberfranken angrenzt. Dennoch ist ein Einfluß der westlich benachbarten Gebiete nicht spürbar.

Die Egerländer Möbelmalerei ist eine sehr eigenständige Volkskunst. Nur bei einigen Stücken sieht man Parallelen mit Oberfranken und Böhmen.

Von 1760–1830 wurde ein bestimmter Stil deutlich bevorzugt. Erst nach 1850 ist man von der Malerei allmählich abgekommen. Man kann deutlich Bildelemente des Klassizismus, des Empire und des Biedermeier erkennen. Die meisten Möbel weisen einen grünen oder blauen Grund auf. An den Schrägen sind Kränze und Blumen zu sehen.

Es gibt Schränke mit einer relativ einfachen, fast primitiven Malerei. Die Darstellungen reichen von Menschen, Vögeln, Landschaften bis hin zu den üblichen Blumen.

Nicht nur einzelne Schränke, Kästchen, Stühle, Tische und Betten wurden verziert. Ganze Wohnungsausstattungen sind in dieser Zeit erstellt worden. Vor allem sind typische Darstellungen von modisch bekleideten Menschen auf Hochzeitsmöbeln zu sehen. Medaillons mit weiblichen Portraits und passende Sprüche schmücken die Möbel.

In meinem Herz kannst zu leben
bis ich mein Geist tu aufgeben.
Das Herz schenk ich dir zu einem Pfand
steck an das Ringl an deine Hand.

Kleiderschranktür
Kiefer ▶
bemalt Egerland
(1796)

Stube aus Egerland, Anfang 19. Jahrhundert

Flächen Braun
Rot
Lichter Weiß
Flächen Ocker
Blau
Konturen Grün
Schatten Schwarz
Motive
um 1820
Flächen Ocker
Blau
Schwarzblau
Lichter Weiß
Schatten Schwarz

Egerländer Motive

Rose

Der kleine Punkt ist Braun (1 Teil Rot, 1 Teil Schwarz). Um diesen Punkt füllt man den großen Kreis mit Rot (1 Teil Rot, 1 Teil Ocker) aus. Mit etwas Weiß wird die eine Spitze heller gestaltet.
Den Pinsel streift man am Lappen ab und nimmt weiße Farbe auf.
In die nasse rote Farbe malt man sofort weiße Lichter ein. Die kleinen weißen Blätter malt man anschließend.

Sternblume

Der ockerfarbene Punkt ist mit roten, weißen und schwarzblauen Schnörkeln versehen. Die 6 Blätter sind blau (2 Teile Blau, 1 Teil Weiß) gemalt. Schatten und Lichter bestehen aus Schwarzblau und Weiß.
Auch bei dieser Knospenart werden weiße und rote Schnörkel in die Ockerfarbe reingezogen.

Rosenblätter

Grün (2 Teile Grün, 1 Teil Schwarz) Schatten Schwarz
Lichter (die grüne Mischung mit Weiß aufhellen)

Vogel

Man zeichnet mit Kreide vor und füllt dann als erstes den Vogelkörper mit Ocker aus. In die nasse Farbe zieht man sofort einen schwungvollen roten Strich. Der Bauch wird mit Weiß belebt. Die Flügel sind blau (2 Teile Blau, 1 Teil Weiß). Pinsel steil ansetzen und von außen nach innen weiße Lichter in die nasse Farbe reinziehen. Schatten in Schwarz. Schwanz, Beine und Schnabel sind schwarzblau (2 Teile Schwarz, 1 Teil Blau) gemalt.
Derartige Motive kommen besonders gut auf diesem rotbraunen Grund heraus. Mit Ocker, rotbraunen Konturen und weißen Lichtern ist die Vase gestaltet. Blumen und Vogel werden wie auf der Schautafel gemalt.

Blumengirlande (Foto Seite 94)

Kommt sehr oft an Seitenteilen und Türrändern vor. Auch Füllungen werden von diesen Blumengirlanden umschlossen. Grundierung Rotbraun mit roten Randstreifen.

Jagdszene (Foto Seite 94)

Die Quadratform tritt häufig bei Truhen und Tischen auf. In der Mitte ein fast primitiv anmutendes Motiv. Die Ränder sind mit Blumengirlanden versehen. Verschiedenfarbige Dreiecke sind typisch für das Egerland.

Motiv-Ausschnitt (1820)

Truhenfüllung um 1820

Darstellung von Menschen (1796)

Patinieren

Man glaubte, daß die Patina bei Möbeln durch den Ruß und Schmutz der Jahrhunderte entstanden sei.
Inzwischen ist man zu neuen Erkenntnissen gekommen. Man weiß jetzt, daß die Dorfschreiner und -Maler ihre bemalten Gegenstände mit bräunlich lasierenden Abtönfarben zart überzogen haben, wobei jeder Maler meistens sein eigenes Rezept hatte und dieses nicht preisgab.
Vom Handel wird spezielle Patina angeboten. Sie besteht aus Umbra-Ölfarbe (Tube) und Patinaflüssigkeit (Flasche). Man hat zwei Möglichkeiten beim Auftragen:

1. Bei kleinen Gegenständen (Kerzenleuchter, Teller usw.) wird Umbra auf einen fusselfreien Lappen gegeben und dazu etwas Patinaflüssigkeit geschüttet. Dann wird beides gleichmäßig auf der Malfläche verrieben. Am besten, man reibt nach einigen Minuten mit einem sauberen Lappen nach.
2. Bei großen Gegenständen (Schränke, Truhen usw.) wird Umbra und Patinaflüssigkeit in einem Behälter angerührt und gleichmäßig mit dem Borstenpinsel aufgetragen. Nach den Auftragen sofort mit einem fusselfreien Lappen (Leinen) kräftig nachreiben. Umso mehr man reibt, umso heller wird der Gegenstand.

Besonders schön wirkt es, wenn das Motiv in der Mitte heller ist und an den Rändern mehr Patina stehen bleibt.
Sollte es sich um Gebrauchsgegenstände handeln, wäre es ratsam, daß man diese nach 6 Wochen mit einem Mattlack überstreicht.

Achtung! Es besteht bei den patinagetränkten Lappen die Gefahr der Selbstentzündung. Stecken Sie den Lappen nach der Benutzung in ein mit Wasser gefülltes Glas, das Sie dann in den Mülleimer geben.

Zum Beispiel haben früher die Maler Kasslerbraun (Trockenfarbe) in Bier angerührt und damit patiniert. Voraussetzung ist natürlich dabei, daß die Gegenstände mit Stahlwolle entfettet werden (leicht über die trockene Farbe schleifen). Die Mischung wird mit dem Naturschwamm aufgetragen.
Auch mit Wachs und Kasslerbraun kann patiniert werden. Bienenwachs in einen Behälter geben, mit Terpentin überdecken, im Wasserbad kochen und erkalten lassen. Mit einem breiten Borstenpinsel Wachs aufnehmen und in die Trockenfarbe tauchen. Damit streichen wir den bemalten Gegenstand ein. Nach dem Abtrocknen wird die Oberfläche gebürstet und mit einem Wollappen seidenmatt gerieben. Patinieren sollte man die Malerei grundsätzlich, sie wirkt gedämpfter und die Farben sind nicht mehr so grell. Man kann ja durch mehr oder weniger Abreiben der Patina eine hellere oder dunklere Malfläche erzielen. Mit Terpentin läßt sich die Patina wieder fast ganz entfernen.

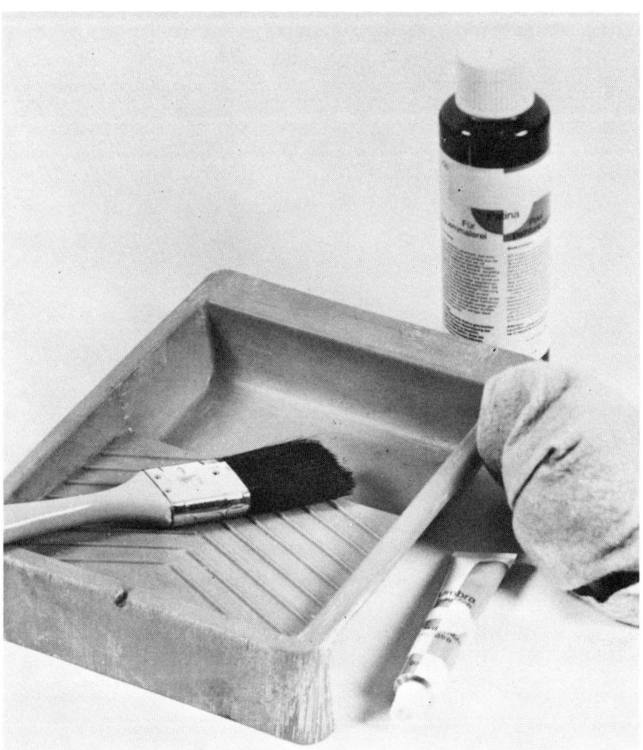

Bauernmalerei als Hobby

Kurse und Lehrgänge sind fast immer ausgebucht. Kein Wunder, das industriell und serienmäßig hergestellte Mobilar ist zwar zweckmäßig, strömt aber nicht die Behaglichkeit aus, nach der wir uns heute sehnen. Die handbemalten Bauernmöbel stellen hier eine besonders individuelle Abwechslung dar.
Man muß ja nicht gleich mit dem Bemalen eines Schrankes beginnen.

Für die ersten Malversuche eignen sich besonders die kleinen Rohholzgegenstände wie Spanschachteln, Teller, Holzplaketten, Tabletts, Kerzenleuchter, Kleiderbügel usw., die in Kaufhäusern, Hobby- und Spielwarengeschäften in großer Auswahl erhältlich sind.
Auf den folgenden Seiten sind Anregungen für die Bemalung alter und neuer Gegenstände aus Holz und auch aus Metall zusammengestellt.

Sitzgarnitur

Tische und Stühle können Sie in Spielwaren- und Hobbyfachgeschäften als Rohlinge kaufen. Die Abbildung zeigt, wie man mit etwas Phantasie und Talent eine nette Sitzecke sich selbst schaffen kann. Es müssen nicht immer alte Stühle sein, die bemalt werden.

Die Tischplatte ist braun gebeizt und an den Ecken mit Blumen und Ornamenten verziert. Unterteil und Füße sind lasierend mit grüner Farbe grundiert, wobei man gedrehte Teile freilassen und beizen kann. Mit Grün werden die Stühle grundiert. Die Stuhllehne wird mit braunen Ornamenten eingefaßt und der Rand in Ocker gehalten. Auch die Sitzfläche weist Ornamente auf. Die Blumenmotive erhöhen noch die Wirkung. Sitzgarnitur, Bett und Nachtkästchen und der Schrank auf der Umschlag-Rückseite ergeben ein komplettes Bauernzimmer.

Oberbayrischer Schrank

Äußerst solide und stilvoll gebaut. Als Rohling ist er im Fachhandel erhältlich. Die vier naiven Bilder machen den Schrank zu einem Prunkstück.
Frühjahr, Sommer, Herbst und Winter.
Marmorierte Seitenteile, Sims- und Fußleisten bereichern die Bemalung noch. Die Seitenteile sind mit oberbayrischen Vasen und Blumen verziert. (Foto Umschlag-Rückseite.)

Bett und Nachtkästchen

Um die Jahrhundertwende ist dieses Bett entstanden. Wobei die Bemalung erst 1979 ausgeführt wurde. Die Ränder der Bettfüllungen sind marmoriert und mit Blumen und Landschaftsbildern verziert. Auf den Seitenteilen

umschließen Ornamente die Blumenranken (Malweise dieser Ornamente Seite 68). Das Nachtkästchen ist im gleichen Stil bemalt. Nur handelt es sich dabei nicht um ein altes, sondern um ein neues Möbelstück. Im Fachhandel ist dieser Rohling erhältlich.

Wandschränkchen

Als Apotheke oder kleine Hausbar zu verwenden. Ein schöner Blickfang nicht nur für die Gäste. Wandschränkchen dieser Art sind im Handel erhältlich. Von den Farben und Motiven ähnelt es der Tiroler Malerei. Die ockerfarbenen Ornamente auf der roten Grundierung ergeben eine gute Farbkombination. Ein alter Brotkorb mit Seidenblumen steigert die bäuerliche Wirkung.

Jagdschrank und -truhe

Speziell für einen Jäger gemalt. Im Schrank sind die Gewehre und Jagdutensilien untergebracht. Die langen Füllungen sind mit Jagdszenen unterteilt. Ornamente umschließen diese. Oberhalb der Sockelleisten geht der Jäger mit seinem Hund auf die Jagd. Rosenranken verzieren die Seitenteile. Streifen und Flächenmarmor dürfen nicht fehlen.
Auch die Koffertruhe weist äußerst reizvolle, naive Motive auf. Am Truhendeckel umrahmt das in den gleichen Farben gemalte Ornament eine Jagdszene. Kleidungsstücke haben in der Truhe ihren festen Platz.

Rosenschrank

Im Originalzustand war dieser Schrank nur maseriert. Um die Jahrhundertwende wurde diese Maltechnik öfters angewendet. Leider kam nach dem Abbeizen sehr schlechtes Holz zum Vorschein. Der erste Gedanke war nämlich, den Schrank in natur zu lassen.

Man könnte meinen, der Schrank sei zu überladen, dennoch ist ein besonders harmonischer Gesamteindruck vorhanden. Die ausgefallenen goldgelben Rokoko-Ornamente überfluten den dunkelgrünen Grund. Türkisblaue Füllungen stellen den effektvollen Kontrast dar. Ein alter Spiegelrahmen vom Flohmarkt, frisch poliert und eine Milchkanne als Schirmständer bunt bemalt, ließen eine Garderobe entstehen.

Waschkommode

Um die Jahrhundertwende hat man diese Kommode als Waschtisch verwendet. Den Deckel hat man früher aufgeklappt und in ein rundes Loch den Krug voll Wasser reingestellt. Neben dem Krug stand meistens auch eine Schüssel zum Hände und Gesicht waschen. Unten hat man Handtücher und Wäsche verstaut. Die häßliche weiße Ölfarbe wurde abgebeizt und die Kommode mit Rokoko-Motiven verziert. In Verbindung mit dem Rosenschrank könnte ein reizvolles Fremdenzimmer entstehen.

◄ *Schrank aus Franken*
(19. Jahrhundert)

Der Schrank war nur braun maseriert. Die eigenwillige Bemalung macht den Kasten zu einem Schmuckstück. Blumen, Figuren und Ornamente sind freie Entwürfe und keiner Stilrichtung entnommen. Die Steinguttöpfe lassen den Schrank erst richtig wirken.

Schrank (Anfang des 20. Jahrhunderts) ►

Auffallend sind die typischen Rokoko-Ornamente um die langen Füllungen. An den Seiten-, Sims- und Fußleisten tritt schüchtern der Marmor hervor. Die Mittelleiste (Streifentechnik) ist im gleichen Farbton gehalten. Mit Rotbraun sind die Profilleisten der Füllungen gemalt. Den Schwerpunkt an den Seiten bilden die großzügigen Ornamente. Schweizer Motivgestaltung läßt sich nicht verleugnen.

Schrank mit Phantasieblumen ►

In die ockerfarbenen Füllungen sind eigenwillige Blumen gemalt. Lediglich die Ornamente und das Tiroler Rot entsprechen der Tiroler Malerei. Naß in Naß ist die Vase und die Blumenpracht gemalt. Einfache Ranken umrahmen die Schranktüre.
An der Seite ist eine Füllung angedeutet. Der grünweiße Marmor auf Sims- und Sockelleisten läßt den Schrank wirken.

Fränkischer Bauernschrank (1880)

Dieser Schrank war lediglich braun maseriert. Nach dem Abbeizen wurde er stilgerecht bemalt. Die Vasen, Blumen und Flächenbelebungen sind typisch fränkisch. Mit dem Ringpinsel sind die leicht bräunlich getönten Schrägen der Füllungen belebt. Die Grundierungsfarben Blau, Braun und Rot sind selbst angesetzte Farben. Nur bei den Motiven ist auf handelsübliche Farbe zurückgegriffen worden.

Bauernschrank (Jahrhundertwende)

Meistens kommen in Franken die langen Türfüllungen vor. Zweckmäßig ist es bei der Bemalung, eine Unterteilung vorzunehmen. Die Linieneinteilung wurde mit Lineal und Zirkel erreicht und anschließend mit lasierender schwarzbrauner Farbe nachgefahren (Malstock oder Lineal als Hilfsmittel verwenden). Der Grundton der Füllung ist hellbraun. Die Säulen sind schwarzblau/weiß marmoriert. Teilflächen wurden mit dem Ringpinsel belebt. Motive und Farbgebung Seite 87. Dieser Schrank steht in einem sehr alten fränkischen Bauernhaus.

Spiegelschrank (Jahrhundertwende) ▶

Ein wunderschöner Garderobenschrank, vor allem zweckmäßig wegen des Spiegels. Die Türe ist mit kleinen Ornamenten verziert. Mit einfachen Streifen wurde die braune Grundierung belebt. An der Seite wuchern üppig Blumen aus einer barocken Vase. Unterhalb des Simses tauchen zwei kleine Vögel zwischen den Blumenranken auf. Zur Aufbewahrung der Schuhe kann man die Schublade verwenden.

◀ *Kommode um die Jahrhundertwende*

Dieses alte Möbelstück mußte erst fein säuberlich abgebeizt werden, bevor mit der eigentlichen Malerei begonnen werden konnte. Wobei die Grundierung der Kommode mit Schnellschleifgrund oder Caparol (Bindemittel) die Voraussetzung für gutes Gelingen ist. Aufgrund des schönen Holzes wurde mit der Farbe sparsam umgegangen. Die Seitenteile sind braun gebeizt und mit einfachen Ornamenten durch Herauswischen der Farbe mit einem Lappen verziert. Schubladen, Sockel und Kommodendeckel wurden durch Kamm- und Ringpinseltechnik belebt. Im fränkischen Stil sind die Motive gemalt.

Koffertruhe

Solche Truhen gibt es noch viele. Auf dem Dachboden der Großmutter oder sogar im eigenen Keller sind sie zu finden. Abgebeizt sind diese Truhen ideale Objekte zum Bemalen. Beschläge und Schlösser werden entrostet und behandelt (Seite 14). Der Grundton ist türkisblau mit rotbraunen Ornamenten. Da bei den meisten Koffertruhen keine Füllungen bestehen, müssen sie vorgetäuscht werden. Auf den weißen Feldern sprießen Blumen aus Körben.

Zierliche Truhe

Als Rohling ist sie in Spielwaren- und Hobbyfachgeschäften zu kaufen. Mit handelsüblichen Farben ist diese Truhe olivgrün bemalt und durch Stupf- und Marmortechnik bereichert. Füllungen wurden lediglich mit Weiß aufgehellt. Ränder und Kanten sind braun eingefaßt. Schweizer Blumenmotive sind deutlich zu erkennen.

Moderne Schützenscheiben

Die ca. 50 cm großen Holzscheiben sind mit Plakatfarben bemalt und mit einem Klarlack überzogen.

Flachsbrecher

Ein ca. 200 Jahre altes Gerät, das früher die Bauern zum Flachsbearbeiten verwendet haben. Das danebenliegende Holzteil war eine große Hilfe beim Verstärken von Fausthandschuhen mit Leinen.

Preßsackpresse ▶

wurde von fast allen Metzgern verwendet, um die Wurst schneidfähig zu machen.
Derartige Raritäten sollte man nicht bemalen, sondern nur abbeizen, mit Stahlwolle fein schleifen und wachsen.

Gegenstände aus Metall

Selbst auf Metall lassen sich die handelsüblichen Bauernmalfarben (Dispersionsfarben) gut vermalen. Soll ein Gegenstand stark beansprucht werden, wie bei einer Milchkanne als Schirmständer, ist es zweckmäßig, daß man matte Ölfarbe als Grundierung verwendet. Die Ölfarbe ist auf Metall haltbarer und wasserunempfindlicher.
Ob Dispersions- oder Ölfarbe, grundsätzlich muß der Gegenstand vor der Grundierung sauber mit Schleifpapier geschliffen werden. Erst nach zweimaligem Farbanstrich ist das Metall richtig abgedeckt und somit ein idealer Malgrund.

Milchkännchen

Früher hat man damit beim Bauern oder im Milchgeschäft seine Milch geholt. Jetzt dient es als dekoratives Schmuckstück für eine gemütliche Bauernecke.

Becher

Trockenblumen würden diesen Becher noch aparter machen.
Auch als Blumenübertopf zu verwenden.

Milchkanne

Schöne alte Milchkannen sind rar geworden. Die Bauern haben längst bemerkt, wie hübsch die bemalten Kannen in ihren Wohnräumen wirken.

Soll der so entstandene Schirmständer strapazierfähig sein, ist es zweckmäßig, daß man als Grundierfarbe eine Ölmattfarbe verwendet. Die Motive werden mit handelsüblichen Dispersionsfarben gemalt. Ein Mattlack ist zum Schluß erforderlich.

Alpbachtaler Teller (Tiroler Malerei)

Der Holzrohling wurde bräunlich gebeizt und lasierend (transparent) bemalt.
Arbeitsablauf:
mit Kreide vorzeichnen –
Flächen bunt ausmalen –
Konturen ziehen –
Lichter aufsetzen.
Diese Malerei erfordert eine gute Pinselführung.

Teller mit Schwarzwaldmotiv

Den Rohling weiß grundieren (Farbe deckend spachtelartig mit dem Borstenpinsel auftragen). Beim Rand zieht man mit dem Borstenpinsel wie mit einem Kamm durch die dick aufgetragene Farbe. Die Profile sind mit Ocker bemalt. Aus einem Füllhorn sprießen die typischen Schwarzwälder Blumen. Auch das Randmotiv mit seinen vielen Blättern und Rosen läßt den Landstrich klar erkennen. Ein besonders dekoratives Stück. Auf der Seite 81 wird die Malweise der Blumen sehr anschaulich erklärt. Diese Motive würden sich auch gut auf einer Bauernuhr machen.

Kerzenleuchter

Der Spielwaren- und Hobbyfachhandel bietet unzählige Leuchter-Rohlinge in der verschiedensten Formen und Größen an. Diese gedrechselten Holzteile eignen sich gut für die Bemalung im Bauernstil. Durch die vielen Profile und Rundungen kann man bereits beim Grundieren die schönsten Effekte erzielen. Mit einem hübschen Blumenmotiv kann die Bemalung noch gesteigert werden. Der braune Kerzenleuchter ist Ton in Ton bemalt. Die Rosen und Ornamente sind in Ocker und Weiß gehalten.
Bei dem massiven, weißen Kerzenleuchter wurden die Profile barockbraun, rotbraun und ocker abgesetzt. Die Blumen sind einfach zu malen, man läßt lediglich die sonst üblichen Lichter weg und malt dafür Schatten. Aufgrund der weißen Grundierung würde man die Lichter schwer erkennen.

Blumenbütten

Es gibt sie in verschiedenen Größen in den Spielwaren- und Hobbyfachgeschäften als Rohlinge zu kaufen. Mit Blumen bepflanzt schmücken sie jeden Garten und jede Wohnung.

Die dunkelbraun gebeizte Bütte ist mit grünen Bändern und oberbayrischen Rokokomotiven verziert.
Bei der anderen Bütte ist die weiße Grundierung mit braunen Holzbändern eingefaßt. Die Malerei wurde von den Milcheimerböden der Schweiz (Toggenburger Malerei 1830) abgeleitet. Man malt in folgender Reihenfolge:
Hintergrund (Himmel)
Mittelgrund (Berge)
Vordergrund (Wiesen)
Nach dem Trocknen kopiert man mit gelbem Kreidepapier die Menschen, Tiere und Häuser und malt sie aus.

Spiegel

Die Grundierungsfarben des Spiegelrahmens sind Dunkelbraun, Rotbraun und Ocker. Diese Farbkombination wirkt äußerst apart und modern. Mit einem Kreidestift wurden lediglich die Abstände zwischen den einzelnen Blumen markiert. Die Rosen sind rotbraun und mit Weiß aufgehellt, die Sternblumen sind in Ocker und Weiß gemalt. Die Farbe der Blätter ist Grün und Ocker.

Plaketten

Mehrere bemalte Holzplaketten verzieren eine ganze Wand, besonders wenn sie so dezent lasierend bemalt sind. Als erstes trägt man Schnellschleifgrund auf, um die Holzporen zu schließen. Das gewünschte Motiv wird mit Hilfe des Transparentpapiers kopiert. Zu Beginn malt man die Flächen farbig aus und dann erst kommen die Konturen und Lichter dran.

Kleiderbügel

Speziell für den Anfänger sind es beliebte Objekte. Man sollte sie grundsätzlich auf beiden Seiten mit Motiven versehen. Wichtig ist, daß man die bemalten Kleiderbügel zum Schutz – nach dem Patinieren – mit einem matten Schutzlack überzieht. Zeichnen Sie auf die Hälfte des Kleiderbügels ein einfaches Motiv mit dem Kreidestift und übertragen Sie dann mit Hilfe des Transparentpapiers das Motiv auf die andere Hälfte. Interessant ist, bei der Bemalung in drei Farbtönen zu malen (Weiß, Braun und Ocker).

Kleiderbürste

Das Brett ist in der Kammtechnik ausgeführt. Dabei ist zu beachten, daß der Rohling vor der Bemalung mit Schnellschleifgrund grundiert wird. Die Holzporen schließen sich und man kann die Kammtechnik besser ausführen. Schwarzbraune Farbe ist typisch für diese Technik. Die Bürste ist mit einer geometrischen Rosette und zwei Tulpenformen verziert und in der Lasurtechnik ausgeführt.

Spanschachtel mit Toggenburger Motiven

Nach dem Trocknen der grünen Grundierungsfarbe zeichnet man lediglich die Blumen mit einem Kreidestift vor. Blätter und Ranken malt man am besten mit Farbe frei dazu. Der Deckelrand ist mit ockerbraunen Ornamenten verziert. Beim Patinieren reibt man die Mitte stärker ab und läßt am Rand mehr Patina stehen.

Marmorierte Spanschachtel

Erst wird die gesamte Schachtel weiß grundiert. Die Ornamente und das Blumenmotiv zeichnet man mit Kohle auf. Anschließend wird das Unterteil marmoriert. (Arbeitsablauf Seite 28.) Dann marmoriert man das Oberteil bis zu den Ornamenten. Erst nach dem Trocknen des Marmors werden die Ornamente und das Motiv gemalt. Durch die Patinierung wirkt der Marmor erst richtig.

Spanschachtel im Alpbachtaler Stil

Der Rohling ist bräunlich gebeizt (einfache Wasserbeize) und dann mit lasierenden Farben bemalt. Die schwarzen Konturen und weißen Lichter malt man zum Schluß. Diese Malerei wird nicht patiniert, sondern nur mit einem Seidenmattlack lackiert.

Holz-Bierkrug

Bevor man mit dem Beizen beginnt, wird der Holzrohling mit einem Schwamm leicht angefeuchtet (warmes Wasser). Die Holzfasern richten sich dadurch auf und können so besser mit feinem Schleifpapier abgeschliffen werden. Man hat somit eine saubere Holzoberfläche, die sich hervorragend beizen läßt. Verwendet wird normale Pulverbeize, die in Wasser aufgelöst und mit dem Pinsel aufgetragen wird. Nach dem Antrocknen der Beize wurde der Krug mit fränkischen Rosen und Tulpen lasierend bemalt. Mit Ocker sind die Holzreifen abgesetzt. Für einen Hausbarbesitzer ist der bemalte Krug ein immer passendes Geschenk.

Steingut bunt bemalt

Alte Bierkrüge, Stein- und Blumentöpfe oder andere Gefäße aus Steingut lassen sich mühelos verzieren. Großmutters Keller und Dachboden sind richtige Fundgruben. Auch auf Trödlermärkten kann man billig Steingut erwerben. Wenn möglich, sollte man die Gegenstände nicht völlig mit Farbe grundieren, sondern lediglich einfache Motive direkt aufmalen.
Der braune Steintopf ist Ton in Ton gehalten und wirkt dadurch sehr harmonisch. Beim Bierkrug wurden hingegen die Rosen und Knospen auf eine blaue Grundierung gemalt. Bemalte Blumenübertöpfe sind ein willkommenes Geschenk.

Kaffeemühlen

Vor ca. 20 Jahren hat man damit noch mühevoll die Kaffeebohnen gemahlen. Jetzt dienen sie als Dekorationsstücke für die Wohnung und sind äußerst schwer zu bekommen. Auf Flohmärkten werden die Kaffeemühlen bereits teuer gehandelt. In den Fachgeschäften gibt es nachgebaute Rohholz-Kaffeemühlen zu kaufen.

Kaffeemühle in einer Tiroler Rot-Grundierung

Schubfachrand und Griff sind weiß abgesetzt. Die Oberseite der Kaffeemühle wurde mit weißen Punkten und ockerweißen Ornamenten bemalt. In Ocker, Violett und Rosa ist die Rose auf der Vorderseite gemalt. Die Seitenteile sind mit jeweils 3, die Rückseite mit 2 Rosen versehen. Zum Schluß muß patiniert werden.

Blaue Kaffeemühle

Den alten Lack mit 240er Schleifpapier anschleifen und dann mit blauer Farbe grundieren. Ränder mit weißen Punkten absetzen.
Vorderseite: 2 Tulpen (dunkelbraun bis rosa), 1 Sternblume (ocker).
Seitenteile: 1 Tulpe (ocker), 2 Rosen (rot), 2 Sternblumen.
Rückseite: 1 Tulpe (ocker), 1 Rose (rot).

Braune Kaffeemühle

Barockbraune Grundierung, rotbraune Ränder, ockerweiße Rosen und olivgrüne Blätter.

Stehlampe

Lampenfüße sind als Rohlinge erhältlich, dazu auch passende Lampenschirme. Makramee-Garne zum Knüpfen eignen sich besonders für die Bespannung. Der Rohling wird erst feingeschliffen, mit verdünnter Farbe vorgestrichen und dann mit unverdünnter Farbe grundiert. Der weiße und braune Farbton harmoniert gut zusammen. Das Motiv ist einfach und doch wirkungsvoll.

Tablett

Bei einer Einladung oder Party werden die Gäste Ihr bemaltes Servierbrett bestaunen. Im Hobbyfachhandel sind die verschiedensten Größen erhältlich. Der Rohling wird grundiert und mit handelsüblicher Bauernmalfarbe bemalt. Dieses Tablett ist im Schweizer Stil bemalt. Der braune Boden mit einer in Ocker gehaltenen Füllung ist von Rokoko-Ornamenten umgeben. Die Rosen und Nelken sind in einem zarten Rot, die Tulpen mit durch Ocker aufgehelltem Braun gemalt.

Uhr

Man besorgt sich eine 10-mm-Sperrholzplatte und sägt sie entsprechend zu. In die Mitte bohrt man ein Loch und befestigt dann das Uhrwerk. Bevor man mit dem Grundieren der Holzplatte beginnt, sollte sie fein geschliffen werden. Mit Hilfe eines Zirkels zeichnen wir das Zifferblatt auf. Das Motiv wird aufkopiert und mit Farbe ausgemalt. Den Schluß bildet das Zifferblatt. Derartige Uhren gibt es auch komplett im Set.

Blumenbütte

Die Seidenblumen lassen diese Bütte erst richtig wirken – ein Schmuckstück für jede rustikale Wohnung. Der Rohling wurde grün grundiert und ohne Vorzeichnung bunt bemalt. Man sieht gut, daß zwangsläufig durch mehrere angesetzte Pinselstriche bereits eine einfache Blume entsteht. Weiße Punkte beleben den Tragegriff. Die Malerei muß einfach und dezent sein, damit die Blumen wirken können.

Einfache Buchenholzteller

Die Holzrohlinge erhalten Sie in Spielwaren- und Hobbyfachgeschäften, sie eignen sich besonders für den Anfänger. Man hat eine glatte Fläche und kann gut beim Malen die Hand aufsetzen. Lassen Sie Ihrer Phantasie freien Lauf. Eines der gezeigten Landstrichmotive sagt Ihnen bestimmt zu. Die Nelken des blauen Tellers entsprechen der oberbayrischen Malerei. Man sieht gut, wie man mit einfachen Punkten so einen Teller beleben kann. Besonders dekorativ ist der Hahn. Die weiße Grundierung wird durch die Patinierung bräunlich und wirkt so äußerst harmonisch. Der Hahn wurde mit Kohle vorgezeichnet und Naß in Naß gemalt. Wichtig ist dabei, daß man Ton in Ton arbeitet. Der Gesamteindruck ist wesentlich schöner.

Holzplakette

Diese Ahornplakette wurde gebeizt (Eiche). Das Randprofil ist mit Dunkelbraun abgesetzt. Die Flach- und Lasurmalerei kommt hier voll zum Ausdruck. Vorgezeichnet wurde das Motiv mit dem Bleistift. Das Ausmalen erfolgte mit lasierenden Dispersionsfarben (stark mit Wasser verdünnt). Diese Malerei sollte man nicht patinieren, sondern lediglich mit einem seidenmatten Schutzlack versehen.

Salzfaß

Dieser Gegenstand weist nur wenig Malflächen auf, wobei aber die wenigen Flächen besonders formschön gestaltet werden können. Zum Beispiel kann man die Holzbänder andersfarbig absetzen und dadurch bereits eine gewisse Einteilung erreichen. Besonders Tölzer Rosen passen zu diesem Salzfaß. Der Deckel sollte im gleichen Stil bemalt werden. Zusätzlich mit Farbpunkten kann man das Loch, das zum Aufhängen des Fasses dient, verzieren. Die Grundierung des Salzfasses ist dunkelgrün, wobei die Holzbänder rot abgesetzt sind. In der gleichen roten Farbe sind die Rosen gemalt und lediglich mit Weiß schattiert.

Fußschemel

Auf dunkelblauem Grund sind typisch oberbayrische Rosen und Nelken gemalt. Das Motiv ist äußerst einfach gehalten. Nur die Farben Rot, Braun, Ocker, Grün und Weiß finden Verwendung. Die Naß-in-Naß-Malerei kommt hier gut zum Ausdruck. Linien und Punkte in Ocker beleben den Schemel.

Schuhputzzeugbütte

Dieses ausgefallene Stück ist für die Aufbewahrung von Schuhputzutensilien gedacht. Zusätzlich kann man beim Schuheputzen den Fuß bequem auf dem Büttendeckel abstellen. Der Grundfarbton der Bütte ist Barockbraun, wobei die Bänder und Griffe rotbraun abgesetzt sind. Die Rosen und Ornamente sind schließlich in Ocker und Weiß gemalt. Auch der naiv gemalte Schuhputzer ist farblich auf die übrige Malerei abgestimmt.

Die Skizzen auf den nächsten Seiten sind als Hilfen gedacht, bis die eigene „Handschrift“ gefunden ist. Aus den einzelnen Formen können Entwürfe zusammengestellt werden, wie sie für den zur Verfügung stehenden Raum passend sind. Daß nicht wahllos alle Stilrichtungen vermischt werden dürfen, wurde schon im ersten Teil des Buches betont. Der Entwurf von Motiven und die Übertragung auf den Gegenstand ist auf Seite 31 beschrieben.

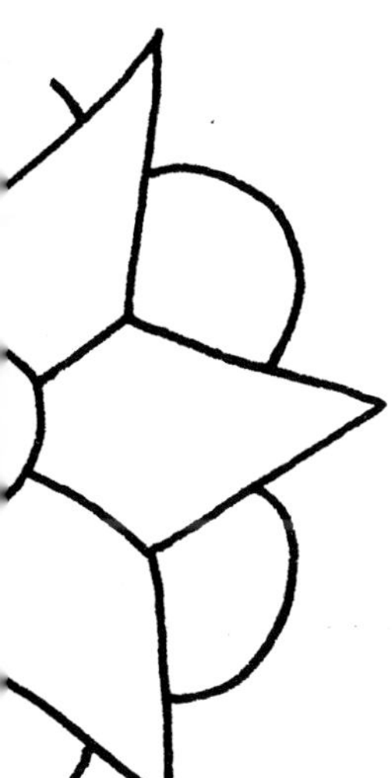